暮らしを美しくするコツ509

暮しの手帖社

挿画……………………谷山彩子
ブックデザイン・カバー画…中島寛子

ここにならんでいる暮らしのコツのあれこれは、
あなたの毎日を、よりすこやかに、美しくしてくれます。
このなかのどれかひとつからでも試してみましょう。

目次

まえがき

どんなに立派といわれる仕事や学びよりも、料理や掃除、洗濯という、日々繰り返される暮らし全般の仕事こそがもっとも尊い行為であり、そこにこそ真理があり、本当の学びや楽しみがあります。そしてたとえば、あたかも人の目を磨くように、心をこめてていねいに鍋や皿を洗うという、その生活精神のすべてを象徴するような心もち。『暮しの手帖』は、決して楽ばかりではない現実生活において、このような、わたしたちが守っていきたい暮らしを大切にする心、暮らしをきちんと見つめる心を、読者のみなさまと共に学んでいこうとおもい、日々雑誌や本作りをしています。その一ページが本当に人をしあわせにできるのか、その一ページが本当に人の役に立つのか、と作り続けるなか、いつも浮かび上がる一つの言葉があります。それは「工夫・コツ」です。「工夫・コツ」とは、基本をかたち作るものであり、知ってそうで知らないことであり、やる気を起してくれる面白さであり、うまくできそうなきっかけになり、暮らしを楽しむための知識です。そしてなにより「工夫・コツ」とは、しあわせのコツでもあります。

本書『暮らしを美しくするコツ５０９』は、『暮しの手帖』に掲載した暮らしにまつわるさまざまな「工夫・コツ」をまとめたものです。どんなことでも楽しむための工夫をする。工夫をするとコツが見つかります。コツは魔法となって、わたしたちの暮らしを美しくしてくれるでしょう。

暮しの手帖編集長　松浦弥太郎

第一章
掃除と収納100のコツ

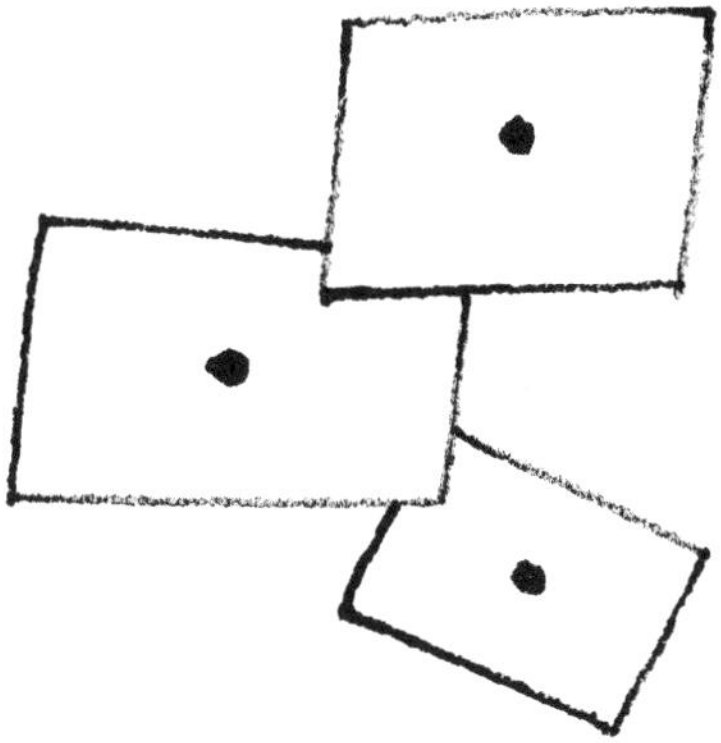

掃除や収納が楽しいとおもえるようになったのはいつからだろうか。

掃除とは、単に、掃く、拭く、捨てるという行為ではなく、きれいにするものに対して感謝の気持ちを込めることが大切であると、人に教わったことがきっかけでした。いつもありがとう、と何度も心でおもいながら掃除をすると、どんなものでもぴかぴかになる、と言われ、素直にそうしてみると本当でした。

テーブルをただひたすら力まかせに拭いて掃除するのと、いつもありがとうとおもいながら、力をかけずに、人のからだの汚れを落としてあげるように拭いて掃除するのとの違いは大きい。心の働きは、ものをきれいにするだけでなく、ものを輝かせる力もあるとよくわかります。

それからは掃除が楽しくなり、掃除が大好きになりました。気持ちを込めて掃除をすれば、きれいになるだけでなく自分の心も清らかになるようにおもいました。

掃除や収納によって、部屋をきれいにするということは、ものだけではなく、そこにある空気や、人や動物、植物といったすべてを生き生きとさせる種をまくようなこととおもいました。

掃除や収納は、日々のことだから決して簡単ではない。しかし、部屋をきれいにするだけでなく、心もちひとつで心を清め、自分を輝かせてくれる魔法になります。掃除とは、毎日欠かさず、自分をぴかぴかに、きれいに磨く手入れだとおもっています。今日も明日もあさっても。

文　松浦弥太郎

いつもすっきりと
片づいた部屋にする、
掃除と収納のコツを
ご紹介します。
さあ、やってみましょう。
行動、それが大事です。

掃除のコツ

重曹と石鹸、クエン酸を使う掃除をおすすめします。地球にやさしいというのは、掃除をする私たちにもやさしいということ。手あれなど心配せず、気持ちよく掃除し、心地いい空間をつくりましょう。

001

昨日までなんとも思わなかったのに、今日はなぜか洗面台の汚れが気になる……「掃除の神様」が舞い降りた証拠です。この出会いを無にしないよう、家のあちらこちらに、洗剤と掃除道具を見場よく用意しておきましょう。きれいな容器に入れ、目につくところに置いておくことが大切です。

002

掃除をしようと決めたら、始める前に、その日の計画をたてます。掃除する時間は長くても2時間とし、どこをどの程度やるかを決めてから始めます。

003

掃除の順序は「上から下」です。そして「乾から水」つまり、乾拭きをしたあと、汚れが残っていたら水拭きをします。面倒な網戸掃除も、乾拭きで土ボコリを落とすと、そのあとらくに掃除ができます。

004

日ごろから「掃除道具」をストックしておきます。使い古しの歯ブラシやごわごわしはじめたタオル、履けなくなったストッキングや着古したセーター、クリーニング店からもらった針金ハンガーなどは、実に役立つ掃除道具です。

005

余っているアクリルの毛糸を、ざっと丸めて真ん中を結ぶと、使い勝手のいい「ボンボンたわし」になります。針金ハンガーはそのままストッキングを巻きつければ、ソファやベッドの下を掃く手頃な箒になります。また歯ブラシは細かなところに届きます。

006

意外と便利な道具がホコリを払うことができるハタキ。そして、洗剤不要のメラミンスポンジと、「あっちこっちふきん」などという名前で売られているクリーニングクロスです。

007

体重50キロの女性が1時間雑巾がけをすると240キロカロリー、掃除機を使うと180キロカロリーを消費します。240キロカロリーはご飯をお茶碗で一杯食べたときのカロリーで、けっこうなダイエットですし、雑巾がけは、ふだんなかなか鍛えられない二の腕のいいトレーニングです。

008

掃除の前に、汚れの性質を考えます。その汚れは酸性かアルカリ性か、それが何についているかで、適した洗剤が違うからです。トイレや水まわりの白っぽい汚れはカルキなどのアルカリ性ですからクエン酸で、台所の油汚れなどは酸性ですから重曹や石鹸で落とすのが基本。「掃除は科学」といわれる所以です。

009

重曹は洗剤としてだけでなく、クレンザーや消臭剤としても使える便利な材料です。家庭の汚れは酸性のものが多いので、汚れの性質がわからないときは、まず重曹を使います。ただ、アルミや無垢の木材は黒くするので使わないこと。また、乾くと白い粉が残りますから、最後にクエン酸水をスプレーしてください。簡単に中和でき、白い粉が残りません。

（重曹は安価な工業用で充分。500グラム220円くらい）

010

重曹は少量ずつ使うのが基本です。泡が立たないので、つい多めに使いがちですが、ブラシやスポンジに、ひとつまみ、「こんなに少なくていいの」と思うくらい、ごく少量つけて使うようにします。

011

石鹸は、重曹といっしょに使うと、汚れを落とす効果がパワーアップします。泡立てた石鹸に重曹を振りかけると、油汚れを落とすのに最適な即席のクリームクレンザーになるからです。泡が汚れ落としの決め手ですから、使うときはしっかり泡立てます。（化粧石鹸でも洗濯石鹸でもオーケー）

012

クエン酸は水200㎖に小サジ1杯の割合で溶かし、クエン酸水としてスプレーボトルに入れて使います。濃すぎるとベトベトして、よくありません。（クエン酸は粉末を買って、そのつど溶かすこと。300グラム300円くらい）

013

蛇口など金属部分がピカピカ光っているのを見ると、清潔さを感じます。水まわりの金属を光らせるには、クエン酸水をスプレーして、ボンボンたわしやメラミンスポンジで磨き、仕上げに手ぬぐいや麻布など、吸水性がよく、毛羽立たない布を使います。

014

掃除の基本は整理で、ものをなるべく置かないことです。置けば置くほど汚れがふえ、掃除もしにくくなります。玄関マットやトイレマットが本当に必要なのか、掃除の合間に、一度考えてみてください。

015

現状復帰が掃除の目的。ごしごし力任せに掃除をして、傷をつけると、かえってそれが汚れの元になります。傷つけないよう、ゆっくり、ていねいに。

トイレ

トイレ掃除で大事なことは、目に見える汚れとともに、不快なにおいも取り去ることです。

016

洗剤メーカーの調査で、トイレのにおいの大もとは男性の小用とわかっています。クエン酸水を便器のまわりにスプレーすると、とびちったにおいの元を中和し、におわなくします。

017

クエン酸水をスプレー容器に入れて、いつもトイレの棚に置いておきます。消臭剤として、ティーツリーなど香りのよいエッセンシャルオイルを含ませた重曹の粉も広口の容器や小皿に入れ、その横に。やってはいけないのがクエン酸水や重曹など洗剤類を床に置くこと。ホコリがたかり、使う気になれません。

018

トイレの掃除はマット、スリッパ、エチケットボックスなど、トイレの小物や備品を、外に出すことから始まります。マットは「さわるのがイヤ」という人の多いアイテム。マットが掃除の頻度を減らしているなら、なくすのも一案です。

019

便器の内側の黄色や黒の汚れは、アルカリ性の尿石です。まだ軽いうちならクエン酸水をしませたトイレットペーパーを、湿布のように1時間程度はりつけておいたあと、トイレブラシなどでこすれば、きれいに落ちます。それでも落ちないこびりついた汚れも、クエン酸水で掃除を続けていると、少しずつ薄くなっていきます。

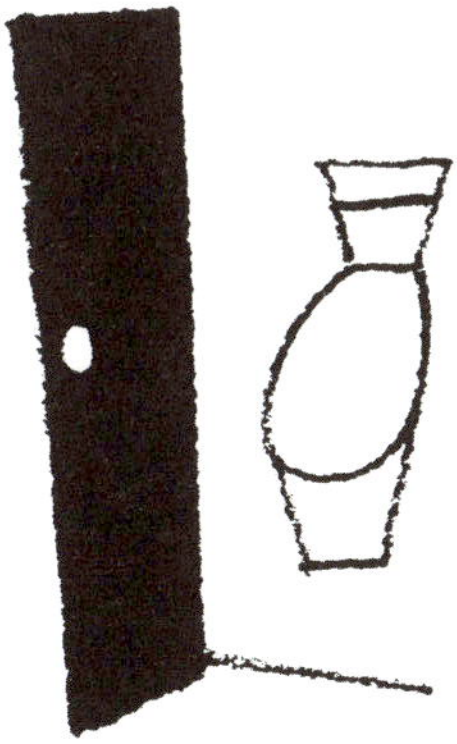

020
毎日の掃除には、洗う手間のないトイレットペーパーが便利です。床と便器の外側にクエン酸水をスプレーし、トイレットペーパーで拭き取ります。とくに便器の立ち上がりは入念に。便器の内側は、毎日トイレブラシで軽くこすれば充分です。大事なのは毎日ちゃんと続けることです。

021
水受けの汚れは、水垢やホコリ、水道水のミネラル分が錆びついた頑固な汚れです。クエン酸水をスプレーして、歯ブラシでこすり落としますが、一度で落とそうとせず何回もやること。それでも落ちないときには1500番以上の耐水ペーパー（紙ヤスリ）を使ってみてください。

022
トイレブラシは不潔になりがち。ときどきクエン酸水を振りかけて数時間おいたのち、よく洗って天日に干しておけば、においもなくなります。ケースや、エチケットボックスもお忘れなく。

023
トイレブラシにスポンジタイプは向きません。手で絞れないので水切れがわるく、雑菌が繁殖しがちだからです。水切れのいいブラシをおすすめします。

024

忘れがちなのがトイレのスリッパです。ときどき裏側にクエン酸水をスプレーして、拭いておきましょう。

025

水垢などがこびりついた温水便座のノズルは、柔らかい雑巾で水拭きしたあと、専用クリーナーかトイレ用中性洗剤をふくませた布で拭きます。ノズルを歯ブラシや爪楊枝でこするのは禁物です。

026

ある方は、一人暮らしを始めたら、トイレが汚く思えなくなったと話していました。そしてしっかり掃除をしていたら、トイレがピカピカになって、気持ちも爽快になったそうです。休日に、自宅のトイレをこころゆくまで磨き上げるのもいいものです。

027

陶器の便器は磨くとツヤがでてきますし、蛇腹のパイプや水栓も磨くと光ってきます。この輝きが、あなたに「掃除をした」という実感を、あなたの家族には、「行き届いた掃除をしてくれた」という感謝の気持ちを与えてくれます。磨くのに最適なのはメラミンスポンジです。

バスルーム・洗面台

毎日使うバスルームや洗面台は、湿気やすく、汚れ落としのほか、カビ対策が重要です。市販のカビとり剤を使うときは注意してください。掃除に使ったクエン酸が残っていると、塩素ガスが発生する恐れがあります。

028

浴室掃除は、お風呂から出るとき済ませるのがベストです。お風呂に入っているときに、よく汚れに気がつきますから、浴槽の栓を抜いたあと、重曹を振りかけたスポンジで、バスタブの湯垢などをこすり落とします。見つけたらすぐやるのがコツ、あたたかいので、湯垢も簡単に落ちます。

029

浴室の床や壁は、重曹を振りかけたスポンジで洗います。汚れがひどいところは重曹を振りかけてしばらく置いてから、スポンジでこすってください。ほとんどの汚れがとれます。

030

小物の掃除は、クエン酸と重曹を使い分けます。風呂椅子のカビは重曹で、石鹸置きやシャンプーボトル、洗面器についた石鹸かすや液だれはクエン酸水で洗い、終わったらどちらも水ですすぎます。

031

カビの成長には、栄養と温度、湿度が必要です。家庭でもっともコントロールしやすいのが「温度」ですから、お風呂から出るとき、浴室の壁一面にざっと冷水をかけるのを習慣にしましょう。カビの出方がずいぶん違います。

032

弱酸性の環境を好むカビは、弱アルカリ性の重曹が苦手です。カビとりの基本は、重曹と歯ブラシでできるだけ落とすこと。市販のカビとり剤は最後の手段です。

033

ドアや窓のパッキングの黒い汚れはカビです。壁のカビと違って落ちにくいので、気がついたらすぐに、重曹をつけた歯ブラシでよくこすりましょう。これを数日繰り返すと、ほとんどのカビは落とせます。どうしてもだめなときは、カビとり剤をキッチンペーパーにつけて、30分ほどパックします。

034

タイルの目地も、カビで黒ずみます。重曹でこすり落としますが、どうしても黒ずみがとれないときは、クレヨンタイプの目地マーカーを塗る方法もあります。

035

排水口の目皿は、表裏とも重曹をつけた歯ブラシでこすり、水でしっかりすすぎます。仕上げにクエン酸水をかけて、金属部分を乾拭きします。

036

ぬるぬるの排水口は、見るのもイヤになります。髪の毛などをとったあと、重曹を振りかけてしばらく置き、歯ブラシでこすってください。あまりぬめるようなら、重曹2にクエン酸1の割合で混ぜた粉を入れ、30分〜2時間ほど置いたあと、シャワーで熱い湯を流します。ぬめりはなくなっています。

037

浴室や洗面台の水栓は、クエン酸水をスプレーして、乾いた布やクリーニングクロスで磨きます。汚れが落ちにくい立ち上がり付近は、重曹を振りかけたボンボンたわしや歯ブラシが効果的です。

038

洗面台のボウルは、重曹を振りかけたボンボンたわしでしっかり磨き、水ですすぎます。重曹を近くに置いて、使うたびに手入れをするのがコツ。

039

浴室の鏡のくもりやくすみは、石鹸かすやカルキが頑固にこびりついたものです。クエン酸水をスプレーし、ボンボンたわしなどでこすります。意外といいのが歯磨き剤とふだん使っている垢すりのコンビで、ごしごしこするにつれ、くすみが少しずつとれてきます。

040

たいていの浴室にはシャワーヘッドをかけるところが上下、2カ所ついています。シャワーホースが床に触れると、カビや汚れがつく元ですから、上にかけるのを習慣に。シャワーヘッドにはクエン酸水を振りかけ、布で拭きとると、白っぽい汚れがとれます。

041

洗濯機の外側は、石鹸を泡立てたボンボンたわしに重曹を振りかけたもので、汚れをとっていきます。細かなところには歯ブラシが効果的。そのあとクエン酸水をスプレーした布で拭きます。

042

洗濯槽のカビとりには酸素系漂白剤を使います。40〜50℃のお湯をいっぱいに入れた洗濯槽に漂白剤を400〜500グラム入れて5分ほど回したあと、一晩放置します。

台所

家庭でもっとも掃除が大変なのが台所です。汚れの中心は油ですから、重曹と石鹸のコンビが活躍、仕上げにクエン酸を使います。

043

油汚れの掃除は、あたたかいうちにやるのがコツです。魚焼きグリルなどは、焼き終わったらすぐ洗うようにします。熱湯を上手に使って洗いましょう。

044

熱湯は、コンロや換気扇まわりの、こびりついた油をあたためるのに最適です。カビ退治にも効果的ですから、台所で使う小物は、熱湯をかけても大丈夫な、耐熱温度100℃以上のものに統一したほうが便利です。

045

ガスレンジのしつこい汚れをとるには、まず天板など全体に、ボンボンたわしで泡立てた石鹸を塗ります。汚れが柔らかくなり浮き上がったところで、重曹を少量ふりかけ、ボンボンたわしで汚れをこすり落とし、仕上げにクエン酸水をスプレーして、布で拭きとります。この手順が台所掃除の基本です。

046

汚れのこびりついた五徳は、煮るのがいちばんです。鍋に重曹を溶かした水をはり、五徳を沈めて火にかけます。分量は水カップ1杯に対して、重曹大サジ1杯が目安。沸騰したら火を止め、一晩置いてから、重曹を振りかけたボンボンたわしで、残った汚れをこすり落とします。この重曹の煮洗いは、ステンレスやホーローの鍋がこげついたときにも応用できます。

047

シンクは、内側に何カ所か重曹を振りかけ、ボンボンたわしやメラミンスポンジでこすって、仕上げにクエン酸水をスプレーします。台所仕事が終わったら、熱めのお湯をシンク全体にかけてボンボンたわしで洗っていれば、シンクはいつも輝いています。

048

蛇口の頑固なくもりには、キッチンペーパーを巻きつけて、上からクエン酸水をたっぷりスプレーし、数時間置きます。そのあと手ぬぐいやクリーニングクロスでこするとピカピカになります。必要に応じて、これを2、3回繰り返します。

049

排水口には、時々、重曹を振りいれ、そこにクエン酸水か酢を注ぎます。1、2時間たったところで、給湯器の熱いお湯を1分ほどかけ流すと、におい防止とともに、つまり防止にもなります。

050

流しまわりの小物で、いりそうでいらないのが、三角コーナーです。三角コーナーをなくすと、シンクがすっきりするだけでなく、汚れるところも減って、掃除の手間も少なくなります。

051

生ごみのにおいを少なくするには、ごみをぬらさないことが大切です。そして時々、クエン酸水200㎖に塩大サジ½杯を溶かした溶液を全体にスプレーしておくと、雑菌が繁殖しにくく、ニオイが減ります。

052

ステンレスのキッチンカウンターが茶色い油膜で汚れているときは、アルミホイルでこすると、きれいに落ちます。IHコンロのガラストップは、スーパーの食品包装に使っているラップを再利用して掃除すると、傷がつきません。

053

汁などのとびちりで汚れている電子レンジの庫内は、耐熱容器に水カップ1杯と重曹大サジ4杯を入れて、蓋をしないまま、5分ほど加熱してください。そのあとまわりについた水滴と汚れを布で拭きとれば、きれいになります。

054

冷蔵庫の庫内は、棚や仕切りなど外せるものはみな外して、石鹸をつけたボンボンたわしに重曹を振りかけたものでこすります。外したパーツは水洗いし、水洗いできないところは乾拭きしたあと、クエン酸水をスプレーし、最後にもう一度、乾拭きします。

055

ジャムなどの空き瓶に重曹を入れ、口にガーゼをかぶせて輪ゴムで止めたものを、掃除が終わった冷蔵庫に置きます。消臭剤の代わりです。2〜3カ月はもちますから、次の掃除にこの重曹を使うと、ムダも出ません。

056

換気扇はつけおき洗いが常識で、重曹大サジ1〜2杯と粉石鹸大サジ1杯を溶かした液に1時間ほどつけてから、ボンボンたわしで洗うと、汚れがすっきり落ちます。場所がないときには、テーブルに新聞紙をひろげ、換気扇を置いて、全体に石鹸を塗り、重曹を振りかけてから、ブラシやたわしで磨くといいでしょう。

リビング

リビングは、いつも掃除をしっかりしているはずなのに、なぜかホコリが目につくところです。フローリングに雑巾がけするときは、昔のやり方を真似ましょう。何枚か用意した雑巾を、適当にばらまき、拭いていくのです。洗ったり絞ったりする手間が減って、仕事がはかどります。

057

テーブルの汚れ落としにはクエン酸水が便利です。汚れたと思ったら、シュッとスプレーし、布で拭きとります。ただ、大理石などの石の素材は、酸に弱いので使えません。重曹を使ってください。

058

食卓についた納豆のねばりは、なかなかとれません。クエン酸水をスプレーしてください。納豆の粘りの成分をクエン酸が分解し、きれいにとれます。

059

手垢で汚れたスイッチカバーは、水で湿らせた指先に重曹をつけ、キュッキュッとこすって、汚れを落とします。そのあと柔らかい布で乾拭きして仕上げます。

060

窓ガラス拭きにはクリーニングクロスが便利です。ハタキでざっと土ボコリなどを払ったあと、乾拭きをし、そのあと「上から下」に、水をふくませたクリーニングクロスで拭いていきます。

061

足の裏の脂は、無垢材のフローリングを汚す、最大の原因です。重曹で拭くのもいいですが、コットンの袋に米ヌカを入れ、軽く湿らせて拭く、という昔の知恵がおすすめです。神経質に汚れをとるのではなく、少し頭を切り替えて、汚れをうまく年輪に変えていけばいいのです。

062

カーテンボックスの上のホコリはハタキで落とし、掃除機で吸い取ります。カーテンにもハタキをかけ、外して洗いましょう。洗濯が終わったら、そのままレールにかけて乾かします。

063

エアコンも、夏と冬のシーズン前に、掃除しておきたいものです。フィルターは歯ブラシでざっと汚れを落としたあと、その歯ブラシに石鹸をつけて泡立たせ、さらに汚れを落とします。前面のパネルも石鹸＋重曹＋ボンボンたわしで汚れを落とし、クエン酸水をスプレーした布で拭いて仕上げます。

064

押入れは、中のものを全部、外に出し、ざっとハタキをかけて、ホコリを掃除機で吸い取り、そのあとクエン酸水をスプレーした布で、内部をよく拭きます。

065

パソコンのモニターは画面を傷つけないよう、クリーニングクロスで拭きます。キーボードは新聞紙の上で逆さにして軽く振り、綿棒ですき間のホコリを落とします。キーボードについた手垢は、かたく絞った布に重曹をつけたものでこすり落とし、クエン酸水をスプレーした布で拭いて仕上げます。

玄関まわり

玄関まわりには、土ボコリなど、屋内とは違う汚れがたまっていますので、ふだんはできるだけ乾いた状態で汚れを落としましょう。

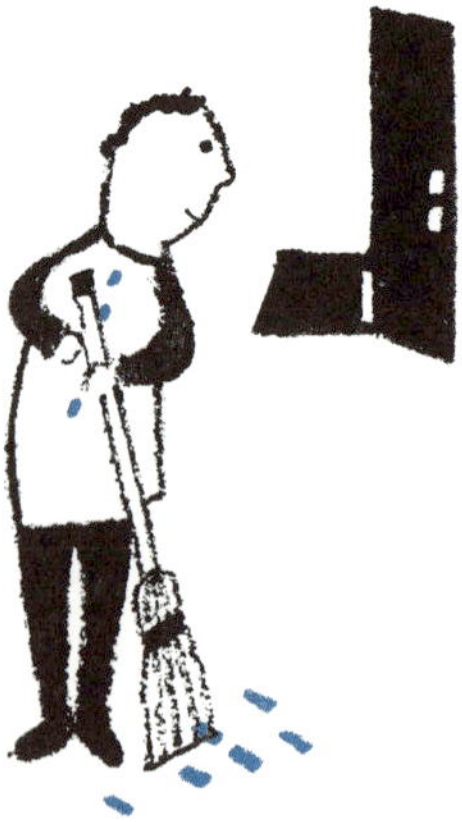

066

下駄箱を掃除するときは、まず靴を全部、外に出しましょう。そして、残す靴、捨てる靴、修理する靴に仕分けし、残す靴は、掃除が終わるまで外気にあてておきます。

067

下駄箱のにおいが気になるときは、カップ1杯くらいの重曹を蓋なしの容器に入れ、ハッカやペパーミントのエッセンシャルオイルをたらして、隅に置いてください。

068

下駄箱は、棚板を外し、細い吸い口をつけた掃除機で、「上から下」に、土ボコリなどを吸い取っていきます。そのあとよく絞った雑巾に重曹を振りかけたもので桟などをしっかり拭き、汚れを落とします。棚板も同じように拭いてきれいにします。そのあと、カビ対策として、市販のエチルアルコールをスプレーすればいいでしょう。

069

内外のたたきは掃除機をかけ、重曹をまいてから、湿らせたブラシでこすります。傘たても、中が汚れていることが多いので、掃除するのをお忘れなく。

070

玄関ドアは、内側を雑巾で拭いたあと、外側を拭き、ドアノブが手垢でくもっていたら、クエン酸水をスプレーして、クリーニングクロスで磨いて光らせます。玄関は家の顔といわれますが、掃除のいきとどいた玄関は、なにより自分や家族が快適です。

収納のコツ

限られたスペースを、できるだけ快適にするには、腹八分目の収納にすること。たくさん詰め込むより、すぐに取り出せる収納を心がけます。

071
収納には「片づけ」がつきもの。一気に大きい範囲をやると疲れます。片づけるときは、時間を決めて、「小さい範囲」からやりましょう。リビングの衣類ばかり、本ばかり、台所なら、流しの下の棚半分ばかりとか、引き出しばかりという「ばかり片づけ」をすると、集中できて効果的です。

072
一定の空間にいかにたくさん詰め込むかという収納より、必要なものをすぐ取り出せる収納をめざしましょう。我が家という決められた空間を効果的、かつ気持ちよく使えるからです。

073

収納と切り離せないのが「仕分け」です。ものを減らさないかぎり、収納の成果は上がらないからです。そのときの大事なコツが、初めに自分なりのルールをいくつか決め、できるだけその通りに仕分けるように努めること。実際のものを前にすると、なかなか決まりません。

074

ものを捨てることは、自分の思い入れや過去を整理することです。迷うのは当たり前。決心がつかないときは、押入れやクローゼットに、「考慮中」コーナーをつくり、そこに集めるようにします。迷うものはいつか捨てられるものですが。

075

毎日使うものを使いやすくするのが「収納」の原則です。場所ごとに毎日使うものと、そうでないものに分け、毎日使うものは、出し入れしやすい定位置に置きます。毎日使うものはそう多くないので、目当てのものがすぐ取り出せます。この原則は、どの部屋でも有効です。

台所

片づいていないように見えるのは、食卓などにいろいろなものが散在しているからです。なるべく置かないことはもちろんですが、かごや箱に一まとめにするだけでも、ずいぶん印象が違います。

076

食器棚は、あなたの胸からおなかまでが使いやすい高さです。毎日使う家族の食器はそこに。その近くに、いつも使うお皿や小鉢をまとめます。

077

食器棚の下段には、大皿のように使う頻度が少ない食器を入れます。そのとき、大皿は積み重ねるのではなく、市販のブックエンドなどを利用して、立てるかたちで収納すると、出し入れしやすくて便利です。

078

カトラリーなどの引き出しが満杯になっていませんか。数を減らし、箱やかごを使って、種類ごとに仕切りましょう。

079

鍋や皿を積み重ねるのは出すときに面倒で、意外と不便です。といって、すぐ棚などできません。寸法を測り、市販のコの字ラックが使えないか考えてみます。

080

ガスコンロの下の棚にしょう油や食用油などを入れるときは、深さのあるファイルボックスに入れましょう。幅10㎝のものなら、そっくり入ります。ファイルボックスは錆びたり漏れたりしないプラスチック製を選び、すべりやすくするために、底に敷居テープを貼ります。取り出しやすいだけでなく、気持ちいいくらいすっきりします。

081

市販のお弁当などについていたしょう油やソースの小さなパックが、使わないままたまっていませんか。すぐ使うか、思い切って捨てることをおすすめします。輪ゴムは、蛇口などにひっかけたりせず、専用フックにまとめ、割り箸も、すぐ使うもの以外は残さないようにします。

クローゼット

衣服をたくさん入れるのは、シワになるだけでなく、防虫剤の効果を弱め、結果的に服をだめにします。あらかじめ「5年袖を通さなかったものは捨てる」など、自分のルールを決め、意識的にモノとスペースのダイエットに努めましょう。

082

部屋の散らかりの最大の原因は、脱いだ洋服。しまうのが面倒で、椅子の背などにかけて、そのままにするからです。クローゼットの一隅を空けたり、リビングのドアにフックをかけて、「一時置き」コーナーをつくり、そこに脱いだものをかけたり、置くようにしましょう。定位置を決めると、散らかった印象はなくなります。

083

衣服は吊るすと見やすく、たたむ手間もいりません。いつもはたたむカットソーを、オフシーズンのジャケットやパンツをたたんでつくったスペースに吊るすようにすると、毎日の身支度が便利です。

084

オンシーズンの服をクローゼットのどこにかけていますか。右を開けるなら右側、左を開けるなら左側、両開きなら中央にかけるようにすると、出し入れしやすくなります。同時に、片手で簡単に出し入れできるまで枚数を減らしましょう。

085

服は丈別に吊るすと、下にスペースができ、いろいろ使えます。空いたスペースには引き出しを重ねます。引き出しの中は、衣類を立てて入れると、きれいなだけでなく見つけやすくなります。

086

クリーニング店のビニール袋は、かけっぱなしだと服を傷めますから、すぐ外します。ただ、クローゼットの中もホコリが入りますから、大事なものには、別のカバーをかけておくようにします。

087

慶弔、とくにお葬式に使う数珠やふくさ、ハンカチ、黒ストッキングなどは、バッグや黒い靴といっしょにまとめて、透明ケースに入れておきます。いざというとき、あわてなくてすみます。

押入れ

計画的にスペースを使わないと、つい、いろんなものを詰め込んだだけの「開かずの場所」になってしまいます。どこに何が入っているかを、頭の中に入れておくとともに、ふだんから風を通して、カビ防止をしましょう。

088

押入れは上段、下段、手前、奥というふうに、内部を仕切って、わかりやすい収納計画をたてましょう。出し入れしやすい上段には布団、上段の胸あたりにふだんよく使う衣類や、アイロンなどを。下段は掃除機や季節家電など、重いものやあまり使わないものを入れます。

089

押入れの収納は、戸を一枚開けるだけで出し入れするのが原則。間口より幅の広い収納ケースを入れてしまうと、開けるたび、戸を外さなくてはなりません。

090
押入れの下段には、キャスターつきのスノコを活用しましょう。引き出しやすいし、キャスターの分、空間があくので、湿気対策にもなります。

091
押入れで使いやすい引き出しケースは、押入れの奥行きに近いものです。間違ってクローゼット用を買ってしまうと、奥行きが余るので、ご注意を。幅もいろいろですから、寸法をきちんと測って買いましょう。

092
同時に使うものはまとめてしまっておくのが収納の基本です。たとえば押入れにアイロンをしまうときは、アイロン台や当て布もいっしょにしまいます。

093
シーズンごとに衣類をまとめて、同じ形の引き出しケースに入れておくと、衣替えのとき、引き出しごと替えればいいので、便利です。

リビング・玄関

お客様が来るからと、あわてて片づけたりしないコツは、できるだけ「もの」をためこまないことです。ためこんだものは、さらにものをよび、ホコリを引き寄せてしまいます。

094

部屋をすっきり見せるには、隅にものを置かないことが大切です。隅は吹き溜まりになり、一つ置くと、いつのまにかものがふえてしまいます。おなじように、テーブルを壁にくっつけるのも厳禁。テーブルは必ず壁から離しましょう。

095

いつのまにかたまるものの代表が本や雑誌です。本棚には二度と読みそうもない本もけっこう積まれていますから、2〜3カ月に一度、本や雑誌の仕分けをしましょう。読まないだろうけれど残したい本は押入れの天袋に、不要な本は古本屋に。仕分けが必要なのは、CDやDVDもおなじです。

096

家電製品の取扱説明書はどうしていますか。付属のDVDなどもいっしょに保存できる、便利なA4サイズのファイルが市販されています。よく使うDVDプレーヤーやテレビ、パソコンなどの説明書は、製品ごとにまとめて本体の横に置き、あまり使うことのない冷蔵庫や掃除機の説明書は、あらかじめ決めた場所に置くようにします。

097

リモコンは、まとめてかごやトレイなどに入れると、散らかった感じがなくなり、すっきりします。

098

紙袋もけっこうたまります。実際の用途を考え、大きめの紙袋に入る枚数だけ、サイズ別にストックし、あとは捨てましょう。包装紙や紐、空き瓶もおなじ。「いつか使うかも」は、一生使わないということです。

099
靴を下駄箱にしまうとき、つま先を手前に入れておけば、履きたい靴がすぐ探せます。かかとを手前にすると、どんなデザインかわかりにくいのです。これも収納の工夫です。

100
ブーツは、専用グッズを買い、シーズン中は立たせて置き、履かなくなったら手入れをして靴箱に入れてしまいます。

第二章 おなじみ料理100のコツ

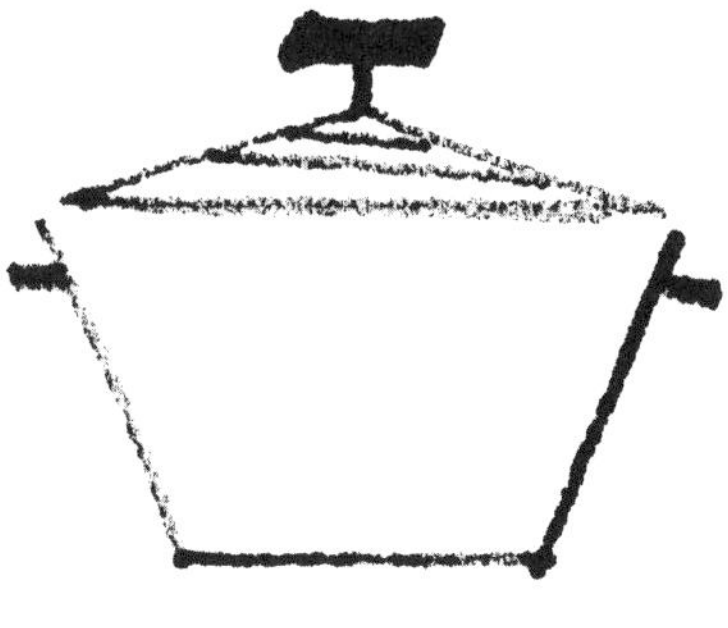

文章を書くのにコツはあるかと訊かれたら、どう答えたらいいかと、ふと考えてみました。私ごときが文章についてあれこれ語るには気が引けますが、どうやって書くのかを私なりに追ってみると何かわかるかもしれません。

最初に題目が必要です。なんでも良いと言われれば、今一番自分が面白いとおもっていることを題目にします。題目が決まれば、文書を書くための材料集めの取材をする。それは自分の記憶であったり、またはどこかに出かけたり、知っているつもりのことを確かめたり、話の中にこんなものがあったらいいだろうという話の種をとにかく集めます。材料が集まったら、ひとまず目の前に広げて、さて、これらをどの順番でどんな方法で文章にしていこうか。そして、文章で何を一番伝えたいのかをよく考えます。はじめと真ん中とおわりをはっきりさせるのが好きだから、ここからここまでがはじめ。これとこれが真ん中。で、おわりがこれ。というように材料を分類して書きます。それぞれがひとつの文章として面白いものになるように書きます。要するに、はじめと真ん中とおわりという三つの文章を書いて、ひとつの箱の中にぴたりと収めます。

素材を生かしたり、方法を考えたりと、文章を書くことは、料理をすることに実に似ています。文章は面白くなければいけない。料理はおいしくなければいけない。やっぱり似ています。そして愛情も必要というところも。

技より工夫。
知識より工夫。
工夫から生まれたコツは、
いつもの料理を
さらにおいしく
してくれます。

洋食のコツ

素材の変化に目を離さず、ときにはダイナミックに、独創的に、を心がけます。

ハンバーグ

挽肉は、できるだけ新鮮なものを使います。そして、鮮度を保つために室温には戻さずに、なるべく冷たいまま、手早く練り合わせましょう。

101

合挽肉を使うときは、2つに分けて使いましょう。ひとつは玉子とよく混ぜて、つなぎにします。もうひとつは、たまねぎやパン粉などと、ざっくり混ぜ合わせます。その2つを練り合わせると、まとまりがよく、肉の味わいも引き立ちます。

102
肉はできるだけよく練りましょう。焼いたときにひとつに固まろうとして、まとまりやすくなります。弾力のあるハンバーグに仕上がります。

103
タネを成形するときは、両手でキャッチボールをするようにして空気をぬき、真ん中を軽く凹ませます。片面を焼いたときにハンバーグが膨らむのを防げます。

104
タネより大きめに切ったクッキングシートを、あらかじめ用意しておきましょう。成形したタネをその上に置いて、焼くときにシートごと持って、そのままフライパンにひっくり返せば、タネをくずさずに焼くことができます。

105
タネの表面に小麦粉を軽くまぶしておくと、ベトつきがとれて、こんがりと焼き上がります。

ステーキ

ステーキ肉を返すのは一度だけ。肉汁を逃がさず、ジューシーに焼き上がります。

106
ステーキ肉は、反り返りを防ぐために縁に入れる切り目以外、絶対に切り目を入れないようにします。焼いたときに肉汁を逃がさないようにするためです。

107
肉は塩を振ったまま置いておくと、水気がでてきてしまいます。塩、コショーは、焼く直前に振りましょう。

108
牛脂がないときは、サラダ油とバターで焼きます。サラダ油だけでは風味に欠け、バターだけでは焦げやすくなります。

109
箸で円を描くように、フライパンの中で肉を回しながら焼くと、焼き目が均等につきます。

オムレツ

玉子料理は時間との闘いです。フライパンに流し入れたら、強火で一気に仕上げましょう。

110
玉子液をフライパンに流し入れるタイミングは、バターの泡で計ります。バターの大きな泡が細かくなったら、一気に流し入れます。

111
フライパンの柄を常に前後に動かしながら、玉子に均一に火が回るように、菜箸で円を描くように手早くかき混ぜると、まとまりやすくなります。

112
玉子の表面が半熟になったら、折り返す前に両手の動きを止めて、ひと呼吸おきます。表面に軽く焼き色がついて、おいしそうに仕上がります。

カレーライス
カレーの味を決めるのは、たまねぎです。あめ色になるまでじっくりと炒めて、甘味をだします。

113
ルーのベースに、水ではなくトリガラスープを合わせてみましょう。トリガラのうま味が加わり、辛いだけでなく、まろやかな味わいに仕上がります。

114
ルーに、ニンジン、バナナ、リンゴをすりおろすと、チャツネを入れたような酸味と甘味をふくませることができます。

115
5人前のルーであれば、味を調える仕上げのタイミングで、小サジ1杯ぐらいの酢と、レモン¼コぶんをしぼり入れてみましょう。よりいっそう風味が増して、おいしくなります。

ロールキャベツ

トマトジュースで煮込むと、トマトの酸味がロールキャベツにしみ込んで、甘味のあるキャベツと、肉のおいしさをぐっと引き立ててくれます。

116
具はねばりがでてくるまで、しっかりと練りましょう。具にやわらかさがでることで、キャベツとの食感がそろい、よりいっそうおいしくなります。

117
キャベツの底の芯のまわりに庖丁を入れて取り除いてから、たっぷりのお湯でゆでます。葉の外側を上にして広げ、芯をすりこ木などでやわらかくすると、巻きやすくなります。

118
キャベツを巻くときに、肉とのあいだに片栗粉をまぶしておくと、糊の役割を果たして、ロールキャベツのまとまりがよくなります。

119
外側にベーコンを巻いて煮ると、ベーコンから溶け出した脂がキャベツにしみ込み、やわらかくふっくらと仕上がります。

120
平ナベでロールキャベツを煮込むときは、余ったキャベツの葉を丸めて、すき間に詰めておきましょう。煮ているときにロールキャベツが動かなくなり、煮くずれすることがありません。

コロッケ

コロッケを揚げるのは、色がつく程度の短時間にしておきます。食べる直前に、オーブンで焼き上げて完成させると、家族みんなであつあつのコロッケがいただけます。

121
具のじゃがいもは、バターとなじませながら、木ベラでざっくりと切るように混ぜ合わせます。練るとねばりがでてしまい、ホクホク感がだせないので、じゃがいものかたまりが少し残っているくらいにしておきましょう。

122
衣に使う溶き玉子は、糊の役割を果たします。白味がよく溶けていないと、パン粉がムラになってついてしまいます。白味が固まらないように、牛乳で少しのばしながら、しっかり溶いておきましょう。

123
パン粉をつけるときは、上から振りかけるようにしましょう。握りしめるようにつけると、揚げたときにやわらかな食感が失われてしまいます。

ビーフシチュー

煮込み料理は最後に味を決めます。はじめは控えめに、煮込んでから塩を加えていきます。

124
牛肉は、小麦粉をまぶして焼き目をつけてから煮込みます。肉のうま味を逃がさないだけでなく、焼くことによってシチューにトロミもつきます。

125
シチューを一度煮込んだ後、肉をバットによけて、ナベのなかのスープと野菜を、なめらかになるまでミキサーにかけます。そして、もう一度煮込み直すと、口あたりがよくなり、トロミもつきます。

126
煮込みものは、しばらく寝かせてから食べましょう。出来上がりから時間をおいたほうが、味が落ち着きます。

サラダ

野菜を水や氷でしっかりと冷やしておくことも、味つけのひとつです。野菜を冷やすことで、色が鮮やかになるだけでなく、水をふくんで、シャキッとした歯ごたえがでてきます。

127
サラダに使う野菜は、おおぶりに切りましょう。ドレッシングで和えたときにもしならずに、しっかりとした歯ごたえを保つことができます。

128
水分が多い生野菜は、食べる直前に和えるようにしましょう。ドレッシングを加えてから時間が経つと、野菜から水気がでてきてしまい、せっかくの歯ごたえが台無しになってしまいます。

スパゲティ

麺は、たっぷりのお湯でゆでましょう。麺に火が通りやすくなり、プリッとした歯ごたえのある麺に仕上がります。

129
お湯に入れる塩の分量は、お湯の重さの1％、2ℓのお湯なら20グラム程度が目安です。パスタにしっかり塩味がついていると、仕上がりの味がしまります。

130
ソースをかけるスパゲティは、少しかために ゆでて、ソースをかける直前にもう一度、ゆでた汁に通してからバターと合わせます。のびずにシャンとした歯ごたえが味わえます。

131

スパゲティの麺をゆでた汁は、すべて捨ててしまわないようにしましょう。最後にソースの味を調節できるように、カップ2杯くらい残しておくと便利です。

エビフライ

パン粉は揚げる直前につけましょう。パン粉をつけたまま置いておくと、エビからでてくる水気で衣が剥がれてしまい、きれいに揚がりません。

132

エビは、背わたを取ってから庖丁で腹の身の数カ所に切り目を入れて、衣をつけましょう。揚げたときに、エビが丸まることがありません。

133

パン粉に少し水気を含ませてから衣をつけましょう。揚げたときに油切れがよくなり、サクサクと仕上がります。

134

エビを入れることで下がった揚げ油の温度が、もう一度高温になったタイミングで、引き上げるようにしましょう。一度にたくさん入れないこと、時間をかけすぎないことでカラッと仕上がります。

135
玉子は少量の冷水を加えてのばしておくと、さらっとします。エビにむらなく玉子をつけることができるので、パン粉がダマになりません。

トンカツ

玉子がムラにならないように、茶こしを使って薄力粉を薄くまぶすようにします。揚げたときに衣だけが膨らんでカツから剝がれることが少なくなります。

136
豚肉は塩、コショーをした後、脂身と赤身のさかいに、庖丁でところどころに切り目を入れておきます。揚げたときに、縮んだり、丸まることがありません。

137
トンカツを揚げるときは、油をたっぷりと入れたナベを強火にかけます。肉は、ひとつずつ入れていきましょう。熱い油で揚げると、衣がカリッと、なかはやわらかく仕上がります。

138
パン粉をつけたら、あまり動かさないようにして、すぐに揚げ油に入れましょう。形がくずれると、衣の割れ目から肉に揚げ油がしみ込んでしまい、油っぽく揚がってしまいます。

グラタン

ゆでたマカロニは、ベシャメルソースと合わせる前に、ひたひたくらいの量の牛乳で少しのあいだ煮ておきます。マカロニがしまって、さらっとした食感に仕上がります。

139

ベシャメルソースの味の決め手は、沸騰寸前の牛乳を入れることです。ナベごと冷やしたルーに、熱い牛乳を少しずつ入れることで、ダマにならずに、ルー全体に牛乳が広がりやすくなります。

140

カニや野菜などを具に使うときは、ソースを吸わず、逆に水気をだしてしまうことがあります。一度バターで炒めて、余分な水分をぬいてから、ソースに入れるといいでしょう。

和食のコツ

大切なのは、ていねいな下ごしらえと旬の素材選びです。時間をかけることを楽しみましょう。

たまご焼き

きれいな黄色に焼き上げたければ、4人前なら、黄味を5つ、白味を3つの割合にするといいでしょう。

141

芯まで冷えた玉子を、きれいに焼き上げるのは難しいものです。玉子は、料理をはじめる前に、室温に戻しておきましょう。玉子全体の温度が一定になって、焼きムラができにくくなります。

142

調味料やダシと、玉子は分かれやすいので、その都度、菜箸で軽くひと混ぜしてフライパンに流し入れます。玉子とダシと調味料がしっかりとまとまります。

143
たまご焼きをきれいに巻くには、遠心力を使うことです。手前から向こうにフライパンで縦に円を描くように振り、その勢いを使って、菜箸で支えながら奥から手前に巻いていきます。菜箸で無理やり巻こうとすると、調味料などが入って、ねばりがなくなったたまご焼きは、くずれてしまいます。

144
玉子液はみりんや砂糖で味つけをして、焦げやすくなっています。フライパンをコンロから離したりしながら、余熱を利用するようにして焼きましょう。

おにぎり

形よく握るには、ご飯を手のひらの真ん中ではなく、指の付け根に置くことです。指の付け根を中心に両手で枠をつくり、そのなかで握りましょう。

145
白米に1、2割ほどの餅米を混ぜて炊きましょう。餅米のやわらかな食感が加わり、握ったときにもかたくならない、ふっくらとした、おにぎり向きのおいしいご飯になります。

146

ご飯が熱くて握れないときは、ご飯茶碗を使うと便利です。ご飯をよそって茶碗ごと2~3回ゆすると、形もまとまり、ご飯も握りやすい温度に下がります。

親子丼

具は、ご飯が炊きたてで、まだねばりのあるうちにのせましょう。ご飯が具の汁を吸って、丼の底に汁が残らないのが理想です。

147

トリモモ肉は脂身を取ったあとに、肉全体を庖丁のミネでよくたたいておきます。スジをやわらかくすることで、火が通りやすくなります。煮ても身が縮まないので、やわらかさも保てます。

148

玉子は2回に分けて入れましょう。ひとつはかるく黄味をくずすくらいに溶いてナベに入れ、もうひとつは黄味だけにして、仕上げに丼にのせます。余熱で半熟になり、ふんわり仕上がり、見た目もきれいです。

茶碗蒸し

ダシは、ぜいたくに使いましょう。たっぷりと入れることで、なめらかな仕上がりになります。量は玉子の3〜4倍が目安です。

149

茶碗蒸しを蒸すときは、食材を入れた器にラップしたり、蒸し器のフタに布巾を巻きます。水が落ちるのを防ぎ、表面に水滴で穴があいたり、跡がついたりすることなく、きれいに仕上がります。

150

茶碗蒸しは火加減が重要です。はじめに強火で蒸して全体に熱をまわすと、玉子とダシが分離しにくくなります。全体が白っぽく固まってきたら、火を弱めます。蒸しすぎると、すが立つので気をつけましょう。

筑前煮

味をじんわりとしみこませるには、煮物は一気に仕上げてはいけません。時間をかけて、じっくり煮る、ゆっくり冷ますという繰り返しが大切です。

151

ニンジンやごぼうなどは回しながら斜めに切りましょう。野菜の繊維が切れるので、やわらかくなるし、また盛りつけたときにもきれいです。

152
煮るときのダシは、ひたひたよりもちょっと下、具が少し顔をのぞかせるくらいに加減して入れます。ダシが多すぎると、必要以上に長く煮ることになるからです。

153
具は、ナベに入れる順番が大切です。はじめにトリ肉を入れると、ナベにくっついてしまうので、ダシの後に入れます。れんこんは、でんぷん質で煮くずれしやすいので、ナベ肌につけないように、注意しましょう。

天ぷら

衣に玉子の白味を入れると、ねばりがでてしまいます。黄味だけを使うと、ねばりが少なく、軽く仕上がります。

154
タネの水気を布巾などでよく拭き取り、薄力粉をまぶして、衣をつけましょう。揚げたときにまとまりがよくなります。

155
衣には、小麦粉のなかでもたんぱく質が少ない薄力粉を使います。強力粉よりもサラリとした衣になるので、口あたりもよく、揚げ上がりもきれいです。

156
玉子をよく溶き、氷水でのばした後に薄力粉を入れましょう。薄力粉に玉子液を入れると、ダマになって溶きすぎてしまい、ねばりがでてしまいます。

157
衣は氷水で溶きましょう。冷たい衣は揚げ油との温度差が大きくなり、気泡ができるので、サクサクとした食感に揚がります。

158
衣は温度が上がると、ねばりがでてきます。衣の温度を低く保つために、タネとなる魚や野菜も充分に冷やしておきましょう。

159
天ぷらをカラッと揚げるには、油の温度を一定に保つことも大切です。揚げ油の温度が下がってしまうので、タネを一度に入れすぎてはいけません。そして、たっぷりの油を使いましょう。

焼き魚

魚を焼くときは、焼き網を充分に空焼きしてからのせましょう。魚をのせた瞬間に、焼き網の熱で魚表面のたんぱく質が固まるので、魚が焼き網にくっついてしまうことがありません。

160

ブリの切り身のように、脂がのって塩がまわりにくい魚は、全体に軽く塩をまぶして小一時間ほどおいておくと、味がよくなじみます。焼くときは、表面を洗い、キッチンペーパーなどで水気をしっかり拭いてから、焼き網にのせましょう。

161

照り焼きは、魚がよく焼けてからタレをぬると、きれいな照りを出すことができます。何度も表裏にタレをぬっては焼き、ぬっては焼きながら、照りを出していきましょう。

162

塩焼きの塩加減は、青背の魚は強めにし、小一時間寝かせます。白身の魚は控えめにし、寝かせる時間も短くします。川魚は控えめに振ったら、すぐに焼きます。

163
味噌漬け、粕漬けは、味がつきやわらかくなっています。網の上にアルミホイルを敷いておくと、網にくっついたり、身くずれしたりせず、焼くことができます。

164
味噌漬けは焦げやすいので、金串を使いましょう。火力が調節しやすく、上手に焼くことができます。そのときは、金串は魚の筋目に対して、直角に打つと、身がばらけません。

おでん

おでんの味はダシが決め手です。昆布とかつおぶしをぜいたくに使ってダシをとります。

165
おでんには、底が広く、平らで浅いナベを使いましょう。具を重ねずに煮ることができるので、熱のまわりがよくなります。また、具をくずさずに取りだすことができます。

166
ダシをしみ込みやすくするために、さといもなどのいも類は皮をむき、少量の酢を落としたお湯の中で、充分にやわらかくなるまで下ゆでしておきます。

167

大根やいも類などの下処理をした具は、ザルに上げて水気をしっかりと切ってから、煮るようにしましょう。具に水気が多くふくまれていると、ダシがしみ込みにくくなるからです。

168

ダシは具がかぶるくらい、たっぷり入れましょう。皿に取り分けたり、煮たりしているあいだに、ダシはどんどん減っていくものです。ナベの倍くらいを目安に、用意しておくといいでしょう。

豚の角煮

豚肉は、煮込む前に下ゆでをしておきます。竹串が通るくらいまでオカラと一緒に煮ることで、脂気が抜け、肉独特のくさみを消すことができます。

169

時間に余裕があれば、下ゆでは前日にしておくといいでしょう。寝かせる時間が長くなるほど、下ゆででゆるくなった豚肉の赤身と脂身がしまって、煮くずれしにくくなります。

170

豚肉が煮上がったら、ナベごと氷水などにつけて冷まします。冷やすと、煮汁の味が豚肉にしみ込みやすくなります。

刺身

赤身は、庖丁の刃を身に垂直に入れて厚く切る「平造り」、白身は刃を身に斜めに入れて薄く切る「そぎ造り」が刺身の基本です。

171

冷凍のマグロは、半解凍の状態で庖丁を入れるといいでしょう。芯の部分がまだ少しかたいくらいの状態のほうが、ほどよく身が締まっているので、きれいに切ることができます。

172

刺身は口あたりでおいしさが変わります。庖丁を前後に動かすと、切り口がくずれるので、平造りもそぎ造りも、刃を入れたら、刃先までひと息に引いて切ります。

きんぴらごぼう

ごぼうはアクの強い野菜です。ごぼうを水にさらすときは、ごぼうがアクを吸って味が悪くならないように、2～3回、新しい水に替えましょう。

173

ごぼうがかたいときは、水を多めにして煮ると、ごぼう特有の歯ごたえをだすことができます。

174

ごぼうを火からおろしたら、バットや皿などに広げて、一気に冷まします。余熱で歯ごたえが失われるのを防ぎます。

味噌汁

味噌汁はダシと具を食べる人の分だけ小ナベに移し、その都度、味噌を溶いてつくりましょう。味噌を入れた後で、たびたび火にかけて煮てしまうと、風味がとんでしまい、おいしくいただけません。

175

味噌汁づくりは、前日から始まります。昆布や煮干しは前日に水に入れておくと、ダシがよく出て、おいしくいただけます。

176

具がやわらかいものの場合は、汁を火にかけるときに一緒に入れます。かたいものの場合は先にゆでておき、そのゆで汁を使ってダシをとり、味噌を溶くと、味がなじみやすくなります。アクの出るものや、菜っ葉類は先にゆでこぼしておくと、色がきれいになります。

ブリ大根

ブリのアラは下処理が大切です。熱湯をゆっくりと回しかけながら霜降りにして、冷水でよく洗います。血合いや汚れなどをきれいに取り除いておくと、煮たときに煮汁にくさみが残りません。

177

煮汁には、ダシではなく水を使いましょう。そこへ日本酒を入れることで、コクと甘みが加わって、ブリのクセが取れて、口あたりがよくなります。

178
しょう油の味つけは様子を見ながら、2〜3回に分けて加えていきましょう。出来上がりは、煮ているときよりも味が濃くなるものです。少し薄いと感じるくらいの味つけにとどめておくと、ちょうどいい仕上がりになります。

179
ブリ大根が出来上がったら、一晩寝かせてからいただくのがおすすめです。ブリから溶けだしたゼラチン質が冷えて煮こごりができます。煮こごりには風味が凝縮されているので、ブリのおいしさが存分に味わえます。

肉じゃが

じゃがいもは角が少しとれるくらい、煮くずれ気味になるまでじっくり煮込むと、おいしく仕上がります。

180
じゃがいもは皮をむき、切ってから水にさらしておきましょう。表面についたでんぷん質のぬめりが取れ、また酸化を抑えて味が落ちるのを防ぎます。

181
材料がやわらかくなったら火を止め、少し冷ましてからもう一度煮ます。冷ます間に、味がしみ込んでいきます。

中華のコツ

手際のよさと、火力のコントロールがポイントです。素材の色合いも活かします。

即席ラーメン

スープのベースには、スープ用に沸かしたきれいなお湯か、具の肉をゆでた汁を使います。これがおいしいスープづくりの基本です。

182
コクのあるスープに仕上げるには、多めに溶かしたラードで具の野菜を炒め、スープと合わせて煮立てます。すりおろしたニンニクを加えると、さらに深みがでます。

183
麺はかためにゆで上げ、水で洗って身をしめてから、新しいお湯で温め直します。コシがでて口あたりがよくなります。

ピーマンと牛肉の炒め物

牛肉と野菜の割合は、お好みで加減します。牛肉はあらかじめ切られたものも売っていますが、切ってすぐ調理したほうが、おいしくできます。

184
細切りにする牛肉は、かたまりで買って冷凍し、作る半日ほど前に冷蔵庫に移して半解凍しておくと、薄く細く切りやすくなります。

185
牛肉は、繊維にそって細く切るようにしましょう。炒めたときに、縮まないようになります。

麻婆豆腐

仕上げは、焦げる寸前まで強火でナベをあおりましょう。香ばしさがいちだんと増します。

186
豆腐は、炒めるときにくずれないように下ゆでしておきます。平ナベに、たっぷりの水で火にかけ、沸騰後、豆腐がおどらないように弱火で10分くらいゆでると、弾力のある食感が出て、くずれにくくなります。

187
水溶き片栗粉でトロミをつけるときは、おたまで混ぜ合わせるのではなく、ナベを大きくゆすりながら、からめるように混ぜ合わせましょう。豆腐がつぶれずに、きれいに仕上がります。

酢豚
料理の仕上げは、豚肉に味がしみ込みやすい、揚げたてのうちに。

188
タケノコ、ニンジン、シイタケなどの野菜類は、炒める前にザルに広げて熱湯を全体にかけておきましょう。少ししんなりさせておくと、炒めたときに味がなじみやすくなります。

189
豚肉は強火でパッと揚げること。衣がカリッと香ばしく、なかはやわらかく揚がります。揚げ油の温度は、肉を入れてすぐに勢いよく泡が立つくらいが目安です。しっかり揚げることで、仕上げの甘酢がからみやすくなります。

チャーハン
火は強火で、焼くような気持ちで長めに炒めます。

190
チャーハンを炒めるときは、ラードを使うと風味とコクが増します。クセが気になるときは、サラダ油といっしょに使うことで抑えることができます。

191
チャーハンは一度にたくさんの量をつくらないこと。ナベのなかで、ご飯がくっつき、パラッと仕上がりません。1回で2人前くらいずつ、数回に分けてつくりましょう。

192
ご飯は、炒める前に皿などに広げてよくほぐしておきましょう。水気が飛びやすく、油ともからみやすくなります。ナベに入れたら、焦げつかないように、手早く炒めます。

193
チャーハンをパラッと仕上げるには、水分は大敵です。玉子を炒め、そしてご飯。野菜は水分をだすので、必ず最後に炒めるようにしましょう。

194
風味づけのしょう油は、熱いナベ肌に落とすようにします。直接、チャーハンにかけると、生くさくなってしまいます。

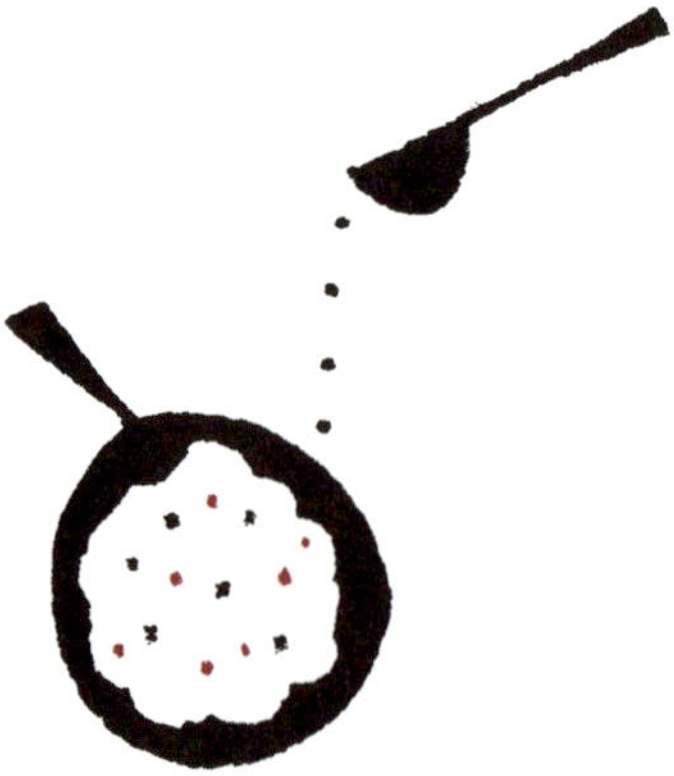

肉だんごスープ

肉だんごは、煮込む前にきつね色になるくらいまで、素揚げしておきましょう。煮込んだときに、外側はサクッと、内側はジューシーな仕上がりになります。

195

肉と玉子などを混ぜて下味をつけるときは、肉に玉子を吸わせるようなつもりで、ねばりがでるまで、よく練り込みます。脂が溶けてねばりがでた肉だんごは、やわらかさが格段に違います。

196

素揚げをする前、ごま油をつけた手のひらで肉だんごを転がし、形を整えます。表面に油がなじみ、香ばしく揚がります。

焼きそば

麺は、コシの強い生中華麺を使い、焼く前に蒸してから、たっぷりの湯でゆでておきます。そして、水気を切って冷まします。この下処理をすることで、焼きそばはぐっとおいしくなります。

197

麺は、常に強火で焼きましょう。油のキレがよくなります。麺が焦げそうなときは、ナベを火から遠ざけたり、近づけたりしながら、強火のままナベに当たる火力をコントロールします。

198
あんかけ焼きそばにする場合、水溶き片栗粉はダマになりやすいので、スープが完全に温まってから加えましょう。水溶き片栗粉は、あらかじめ準備して、15分くらい置いておきます。水と片栗粉がなじんで使いやすくなります。

から揚げ
トリ肉を油に入れたら、いったん火を止め、余熱で火を通します。油の泡が減り、温度が下がってきたら、再び火をつけ、強めの中火でじっくり揚げます。余熱でトリ肉の表面を固めることで、なかはふっくらジューシーに仕上がります。

199
トリ肉に下味をつけたら少し休ませ、揚げる直前に片栗粉を加えます。片栗粉がトリ肉の表面に膜をはることで、揚げたときに水分をなかに閉じ込め、かたくならずにふっくらと仕上がります。

200
トリ肉が油の表面から顔を出したら、一気に強火で仕上げます。油の温度を上げることで、トリ肉が吸い上げた余分な油が切れて、カラリと揚がります。

第三章
洗濯とアイロン１００のコツ

ニューヨークのプラザホテルの洗濯室で長年働いている友人が、休日のある日、一緒に散歩をしている時にこんなことを話してくれました。「毎日、衣服を洗ったり、寝具を洗ったりする今の仕事は好きだけれど、たまにつらい時もあるの。同じことを繰り返す毎日だから。でもそんなときは仕事が面白いフリをするのよ。まるで演技のように。するとそれだけで仕事が面白くなるからとても不思議。どんな汚れも私にまかせてっておもうようになるの」。その言葉を聞いて、表情には出しませんでしたが心から感動しました。今まで自分の仕事で面白いフリをしたことはなかったけれども、つらい時にフリをすると面白くなるということが本当におもえました。

洗濯のプロに、洗濯にコツはあるかと聞くと、「洗う前に一枚いちまいきちんと広げて、汚れの具合をよく見ること。そして、洗剤や洗濯機で洗うたびに生地はどんどん傷んでいくと知ること。実は水を通すだけでいいものがほとんどなのよ」。友人は洗濯の面白さを話してくれました。「アイロンがけも力を入れたら生地が傷むから絶対だめ。高温も絶対だめ」。

洗濯なんて洗濯機にまかせればいいし、アイロンも高温で力まかせにしていましたが、それからの僕は衣服や身の回りの布ものをいたわるようになりました。すると、日々の洗濯やアイロンが、フリではなく本当に面白くなりました。コツとは、ものごとを面白くするきっかけだ、とよくわかりました。

手際よく、
楽しく、
きれいにできる
洗濯と
アイロンの
知識と方法。

洗濯のコツ

知っているようで知らない、洗濯前から干し方までのコツをご紹介します。

洗濯前

洗い始める前に、衣類一着一着と向き合う時間を。仕上がりが変わり、節約にもつながります。

201

洗濯の回数が多ければ、そのぶん生地を傷めることになります。ホコリをブラシで払う、水をつけて絞ったタオルで汚れを拭くなど、ちょっとした手入れをして、必要以上に洗わないようにしましょう。

202

衣類を買うときは、洗濯絵表示を見て、自宅で洗えるか確認しましょう。たらいの絵に×がついている表示は、水洗い（手洗い）できないという意味ですが、ウールなどは、気をつければ自分で洗えます。「ドライ」マークは、ドライクリーニングでしか洗えないという意味ではないので、自宅で水洗いすることもできます。

203
目につく汚れやシミがあったら、まず下洗いやシミ抜きをします。汚れの原因によっては、そのまま洗うと落ちにくくなることがあります。

204
ポリエステルやその混紡のものは、丈夫な素材なので、水洗いできますが、皮脂や脂汚れを吸収しやすい性質がありま す。特に白いシャツなどは、だんだん黒ずんできます。ポリエステル類は、他の衣類と分けて、単独で洗いましょう。

205
カシミア、アンゴラ、ウール、絹は、扱いを間違えると、変色したり縮むことがあります。注意して手洗いをするか、クリーニング店へ出しましょう。ベルベット、別珍、毛皮は水洗いを避けましょう。

206
はじめて洗う衣類は、洗剤で色落ちしないかをチェックしましょう。衣類の目立たない端の部分に、液体洗剤の原液や、水で溶いた粉末洗剤をつけて数分おき、白い布で軽くこすります。これで白い布に色がつくなら、色落ちする可能性があります。他の物と分けて洗いましょう。洗濯表示のタグに「色」とマジックで書いておけば、次からチェックしなくてすみます。

207

いざ洗濯をするというときに、一つ一つ仕分けるのは手間がかかります。「色柄物」「手洗い」など、それぞれに仕分け用のかごや洗濯ネットを作っておき、脱いだときに分けて入れておくと楽なものです。家族にも協力してもらい、あらかじめ分けるようにしておきましょう。

208

洗濯ネットは、衣類の傷み、からみ、ケバがつくのを防ぎます。ただし、目の細かい物ほど洗浄力が落ちます。ケバや糸くずが目立ちやすい濃い色の物は、裏返して目の細かいネットに、他の物は、目の粗いネットに入れて洗いましょう。

209

ホック、ファスナー、ボタンは留めてから洗いましょう。型崩れを防ぎ、他の衣類をひっかけて傷めないためです。エプロンなどの紐は、からまないように輪ゴムでまとめておきます。また、ほつれがあれば、洗濯中にほつれが広がらないように、繕ってから洗いましょう。

210

衣類の種類によって洗剤を使い分けましょう。最も一般的な「弱アルカリ性洗剤」は洗浄力が強く、普段着など丈夫な綿や麻や合成繊維を洗うときに使います。「中性洗剤」は洗浄力が弱く、デリケートな生地の衣類に使います。

211
洗剤で落ちない汚れは、漂白剤を使いましょう。「塩素系」は漂白力が強く、白い物に使います。これは酸性の洗剤(トイレ用の物など)や、酢やクエン酸などと混ぜると有毒ガスが出ますので、絶対に混ぜないようにします。「酸素系」は漂白効果がおだやかなので、多くの衣類に使えます。いずれも衣類に直接つけると色落ちする可能性があるので、必ず薄めて使いましょう。

212
汗、足、焼肉、アルコールなどのにおいが気になるけれど、すぐに洗濯できない物には、重曹を直接振りかけておけば消臭効果があります。その後はいつも通り洗濯してかまいません。重曹は洗剤の泡立ちをよくする効果があり、外に干すだけでも、かなりのにおいが消えます。

213
洗濯に必要な道具を、取り出しやすい場所にまとめておきましょう。計量カップ、計量スプーン、水温計などを洗濯専用に用意して、計りやすい環境を整えれば、適量を計るのも難しくありません。大きめで、落ちた汚れが分かりやすい白色のたらいや洗面器も、あると重宝します。

214
タバコのにおいがついた物には、水200mℓにクエン酸小サジ1杯を溶かした液をスプレーすると、においが残りません。

215
洗濯機の取扱説明書をよく読んで使いこなしましょう。「手洗いコース」「ドライコース」など、さまざまなコースの使い分け方がわかります。中には、衣類の種類別の洗い方、干し方について解説している説明書もあります。

216
洗濯機のタイマー予約で時間を有効に使いましょう。起床時間に合わせて仕上がるようにしておけば、朝起きてから効率よく洗濯物が干せて、とても気分がよいものです。

217
洗濯槽内は黒カビや石鹸カス、雑菌などで汚れています。使用後は毎回蓋を開けて、水分を拭き取り、風通しをよくします。月に一度は市販の洗濯槽用クリーナーなどを使って掃除をしましょう。

洗濯
素材や汚れに合った、洗い方、すすぎ、脱水を。手洗いのよさを再発見しましょう。

218
洗濯槽に水と洗剤を入れ、回して洗剤を溶かしてから洗濯物を入れます。注水後に洗剤を入れる場合は、専用の投入口に洗剤を入れるか、直接衣類にかけないように注意して入れましょう。

219
お風呂の残り湯は皮脂や汚れがあるので、洗濯にはあまりおすすめしません。入浴剤入りのお湯は色移りする可能性があります。

220
洗う水温は、30℃前後が適しています。高いほうが汚れはよく落ちますが、高すぎると色落ちしたり、ハリ、ツヤがなくなるなど生地を傷めます。洗濯絵表示に書いてある「40」「60」「95」は、水温の上限です。

221
洗剤は、多く入れるほど、汚れが落ちてきれいになるわけではありません。ある程度の濃さになると、汚れの落ち方に変化がなくなってしまいます。表示された量と使い方を守りましょう。

222
洗濯物を目一杯入れると、洗濯機がうまく回らず水流を充分に起こせません。洗濯槽の8分目くらいにとどめます。

223
洗濯ネットに衣類をつめ込みすぎないようにしましょう。洗剤が行きわたらず、汚れが残り、においの原因になります。

224
衣類同士をこすり合わせて洗う「こすり洗い」は繊維を傷めます。汚れがひどいときは、洗剤を溶かした水につけておくと、繊維そのものが水の力でやわらかくなり、奥まで洗剤が浸透するため、汚れが落ちやすくなります。

225
汚れている面を表にして洗いましょう。ただし、汗や皮脂汚れが気になるもの、厚手でポケットなどの重なりがあるもの、毛玉のできやすいものは裏返しにして洗います。

226
手での押し洗いや振り洗いは、繊維を傷めることが少ないので、おしゃれ着など型崩れさせたくない衣類を洗うときに効果的。手洗いするときのポイントは、あまり力を入れすぎないことです。

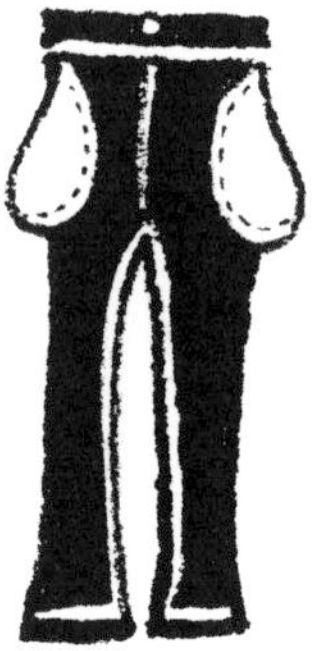

227
洗濯機で洗う場合、最初の1分で90%の汚れは落ちるといわれています。普通の汚れなら5分も洗えば充分です。長時間の回転は繊維を傷めます。

228
手洗いで柔軟剤を使うときは、最後のすすぎの後、柔軟剤を溶かした水に衣類を浸し、そのまま脱水します。柔軟剤は、シワやホコリ、静電気などを防ぎ、ふんわりと仕上げます。下着やタオル、ニット、ブラウスなどに使いましょう。

229
洗濯のりを使うと、衣類にハリを出すだけでなく、のりの上についた汚れを一緒に洗い落とせるので、繊維への負担が軽減されます。シャツ、カーテン、シーツ、テーブルクロスなどに適しています。

230
のりと柔軟剤を一緒に使うと、ハリと同時にやわらかさも出ます。スカート、ズボン、ポロシャツに使えば、シワもつきにくく、アイロンいらずの仕上がりです。

231
酢は、柔軟剤の代わりになるうえ、消臭と除菌の効果もあります。40ℓの水に対して、100㎖を入れてすすぎ、脱水しましょう。乾けば嫌なにおいが取れて酢のにおいも残りません。洗濯用には穀物酢を使います。

232
酢には色どめの効果も期待できます。色の濃い物を初めて洗うときには、酢水で1分ほど振り洗いをしてから、短時間脱水して干します。汗などの軽い汚れはこれで落ちます。

233
クエン酸にも酢と同様の効果があります。水200㎖にクエン酸小サジ1杯の割合で溶かした「クエン酸水」を作っておき、柔軟剤投入口に適量を入れておきます。お好みでエッセンシャルオイルを垂らすと、よい香りが洗濯物に残ります。

234
手洗いの物をすすぐ場合は、たらいにきれいな水をため、両手で洗濯物を押しながら、水が透明になるまで2、3回ほどすすぎます。

235
シワをつけたくない衣類は、脱水時間を短くしましょう。脱水時間が長いほど水気はなくなりますが、シワがつきやすくなり、型崩れの心配があります。全自動洗濯機の「おまかせコース」などは、必要以上に脱水をしていることがあります。薄地の場合、脱水時間は30秒もあれば充分です。

236

衣類につく汗は水溶性の汚れなので、簡単に水で落ちます。軽く汗がついただけの物は、水に5分ほどつけ込み、脱水するだけでもすっきりします。

237

シワがつきやすい麻や、絹、デリケートな装飾つきの衣類は、洗濯機で脱水するのではなく、タオルで挟んで水気を取ります。手のひらで真上から軽く押して水分を取りましょう。

238

洗濯機で洗う前に、汚れが目立つところには、石鹸水をつけたやわらかいブラシで部分洗いをするか、固形石鹸をつけて押し洗いすると、汚れが落ちやすくなります。ワイシャツやブラウスの襟や袖口、下着の皮脂や汗の汚れ、靴下などのきつい汚れに効果的です。

239

シミは、ついたその場で処置をします。裏側からハンカチをあてて、冷水をかけ、おしぼりでたたいてハンカチに汚れを移し、その後すぐに自宅で水洗いします。時間が経つほど、シミは取れにくくなります。

240
絹、レーヨン、キュプラ、カシミア、アンゴラ、麻などについたシミや、カビ、油性マジックなどの跡は、家でシミ抜きすることが難しいので、無理して処理せず、クリーニング店に出しましょう。

241
水溶性のシミ（果汁、ケチャップ、しょう油、コーヒー、ワインなど）は、シミの部分を水で濡らして、裏に白いタオルをあて、歯ブラシなどで上からたたくようにして落とします。それでも落ちなければ、中性洗剤の原液をつけてたたきます。その後、水でたたいて洗剤をよく取り、丸洗いをします。

242
油溶性のシミ（口紅、ファンデーションなど）は、固形物を取り、水溶性のシミと同様に水を含ませたガーゼなどでたたき、中性洗剤の原液やベンジンをつけてたたきます。それでも落ちなければ、酸素系漂白剤で落とし、丸洗いします。

243
シミ抜きは、シミの部分だけを指先で持ち、つまんで洗います。力を入れてもみながら洗うと、シミが広がってしまいます。

244
血液のシミは、ついてすぐなら水でつまみ洗いをするだけで落とせます。時間が経ってしまったら、洗剤を溶かした水で軽くもみ洗いしましょう。

245
いつついたか、原因の分からないシミは、油溶性から水溶性の方法の順でシミ抜きします。ベンジンを含ませた布でたたいてみて、それでも落ちなければ、水洗いできる物は、水で濡らして、洗剤で洗いましょう。

246
シミがついた部分を水に濡らすと、まわりと同じ色になって、どこにシミがついているか分からなくなることがあります。濡らす前に、シミのまわりをピンチや輪ゴムで挟んでおくとよいでしょう。

247
一度使っただけであまり汚れていないバスタオルは、洗剤で洗う必要はありません。水5ℓに重曹大サジ1杯を溶かして、10分ほどつけておきましょう。その後はすすぐだけで清潔です。

248
下着は洗剤を溶かした水でやさしく押し洗いしましょう。ネットに入れて洗濯機でも洗うことができますが、型崩れしやすくなります。

249

シーツや枕カバー、タオルは雑菌が気になるもの。週に一度、酸素系漂白剤を40℃くらいのぬるま湯に溶かし、20分ほどつけておき、その後はいつも通りに洗濯すると除菌できます。加齢臭や汗、タバコのにおいが気になる物にも効果的です。

250

薄手の物や、デリケートな素材を手洗いするときは、たらいに水をはって洗剤を溶かし、洗濯物をたたんでネットに入れ、10分ほどつけおき、軽く流します。すすぎの最後に柔軟剤を溶いた水ですすぎ、30秒ほど洗濯機で脱水します。もしつけおきして水に色が出たら、すぐに引き上げてタオルに挟んで脱水しましょう。

251

ウールは洗いからすすぎまで30℃のお湯で手早く行います。衣類を軽くたたんで、中性洗剤を溶かしたお湯で押し洗いをして、仕上げに柔軟剤入りのお湯ですすぎ、ネットに入れて30秒ほど洗濯機で脱水します。

252

フリースは毛玉がつきやすいので、目の細かい洗濯ネットに入れて洗います。熱に弱いので、乾燥機は高温で使わないようにしましょう。

253

手洗い可能な礼服やスーツ、ワンピースは、着た後すぐにシャワーで水をまんべんなくかけ、洗濯機で30秒ほど脱水をするだけで、さっぱりします。

254

コートやダウンなどのアウターは、部分汚れがつきやすいものです。ブラシでホコリを取ったり、水と石鹸をつけたタオルで汚れた部分をやさしく拭き取ります。シーズンの後にはクリーニング店に出しましょう。

255

シーツや毛布などは、たたんで洗濯機へ入れると、シワになりにくく、洗剤も行きわたりやすくなります。タテに屏風のように折り返しながら細長くたたみ、さらにヨコに屏風のようにたたむとよいでしょう。

256

色移りした衣類は、基本的には元の色に戻すことはできません。ただし白い衣類に色移りした場合は、色移りした際に使った洗剤と同じものを40℃くらいのお湯に溶いて、衣類を1時間くらいつけます。その後、40℃の洗剤液をもう一度作って洗うと、色が抜けることがあります。

干し方

洗濯物の干し方の工夫次第で、衣類のシワを減らしたり、型崩れを防いだり、早く乾かすことができます。

257

洗濯が終わったら、洗濯機からすぐに取り出します。洗濯機の中は通気性が悪いので、濡れた衣類を長時間放っておくと、雑菌が繁殖してしまいます。

258

脱水しすぎてシワシワになったら、水かぬるま湯をスプレーで吹きかけ、軽く湿らせてから、シワを伸ばして干します。

259

湿気は下に溜まるものです。一戸建てなら一階よりも二階で、同じ部屋でも床に近いところよりも天井に近いところで干しましょう。

260

干す前に、衣類を大きく振ったり、手でパンパンとたたくと、繊維が伸びてふんわり仕上がります。首回り、脇、袖の縫い目は、両手で軽くひっぱりましょう。

261
部屋干しした衣類特有の嫌なにおいの原因は、乾くまでに時間がかかることで、洗濯で落としきれなかった汚れが酸化してしまったり、雑菌が繁殖してしまうためです。部屋干しするときは、早く乾かしましょう。

262
早く乾かすために、衣類に風が当たるように干しましょう。部屋干しをするときは、換気扇、エアコンのドライ、除湿機をかけたり、扇風機で下から風を送るようにします。

263
生地同士が触れずに、風が通るように干しましょう。長い物は乾きにくいので外側に、長い物と短い物は交互に干します。生地の厚みが異なる衣類は、厚手、薄手と交互に干し、乾きにくいものを外側にします。ハンガーの間隔をできるだけ空けましょう。

264
部屋にたくさんの洗濯物をかけると、湿気がこもってしまい、衣類が乾きにくくなります。一回に洗濯する量を少なめにして、余裕をもって部屋に干せるようにしましょう。

265
洗濯物は、日陰に干しましょう。日向に干すと、日焼けして退色したり、繊維を傷めます。ただし、ふきんなど除菌したいものは日向に干すと効果的です。

266
ストーブやヒーターのすぐ近くに干すのは避けましょう。洗濯物がその上に落ちて火事になる恐れがあります。

267
ワイシャツを干すときは大きく振り、襟を左右に、ボタン部分を上下にひっぱり、ハンガーにかけて袖を伸ばしましょう。一番上のボタンを留め、襟を立てます。

268
ピンチの挟み跡がつく生地は、厚手のタオルやキッチンペーパーの上から挟みます。こうすると、生地に跡がつきにくくなります。

269
ハンカチは、半分に折ってピンと張ってから、左右それぞれ2カ所をピンチで留めて干すと、シワがなくきれいに仕上がります。

270
薄手のストッキングは乾きやすいので、ネットに入れたまま干しても大丈夫です。出して干す手間がかからず、うっかりひっかけることもありません。

271
シーツは、竿にかけた後に、裾の部分を大きめのクリップ5つほどで挟むと、重さでシワがよく伸びます。

272
シーツなど大きい物を竿に干せないときは、たたんでハンガー3本にかけるか、ピンチハンガーに蛇腹に干します。

273
パンツやスカートを干すときは、ピンチハンガーを使って筒状に干すと、型崩れせず、風の通りもよくなります。

274
フードつきの衣類は、逆さにつるして干しましょう。ハンガーに干すとフードの内側に水分がたまるので、乾きにくいものです。

275
ジャケットを干すときは、ハンガーにタオルなどをのせてジャケットの形にあわせると、型崩れが防げます。

276
ニットなど厚手の物は、脱水した後に、さらに厚手のタオルで挟んで、水分をしっかりタオルに吸わせてから干すと、脱水だけのときよりも早く乾きます。

277
セーターは、たたいて干すと生地が傷みます。平らなところに平干しすると、繊維が伸びません。

278
セーターを平干しできない場合は、ハンガーを複数本使って、胸、腹、袖、とそれぞれかけ、平干しに近づけましょう。

279
ドラム式乾燥機は、高温で乾くのは早いのですが、シワができたり、縮みの原因になります。のりづけした衣類は乾燥機を使用しない方がよいでしょう。

280
衣類に糸くずがついたり、ポケットにティッシュを入れたまま洗ってしまった場合は、衣類とごみ取りネットを一緒に乾燥機に入れると、きれいに取れます。

281
生乾きのまま取り込んで、そのまま収納しないようにしましょう。たんすや押入れの中に湿気を持ち込み、他の衣類にも移り、カビが発生する原因になります。

アイロンのコツ

一度覚えれば、意外と簡単で、驚くほど上達し、楽しさも増すのがアイロンがけです。アイロンがけをきれいに仕上げるコツをまとめました。

282
アイロンを出すのに手間がかかって、毎日やるのが負担になるなら、衣類の待機ボックスを作っておき、たまったら、時間があるときに集中してかけます。

283
アイロンをかける前に、生地全体を湿らせると、繊維がゆるみ、シワも消すことができます。霧吹きをかけて、大きなポリ袋に入れておくとよいでしょう。

284
アイロンがけに、力はいりません。高熱でグイグイとかけると繊維を傷め、跡になるので、滑らせるようにかけましょう。

285
アイロンをかける前に、かけようとしている部分を広げ、手でさっと伸ばしてならします。アイロンがかけやすくなり、きれいに仕上がります。

286
化学繊維やウール、絹にアイロンをかけるときは、高温を避けましょう。必ず当て布をしてかけます。

287
アイロンを持っているのと反対の指先で、生地の先をひっぱったり、整えたりして、平らに伸ばしておきましょう。ただし、スチームを使う場合は、やけどをする恐れがあるので、アイロンの近くに手を置かないように注意しましょう。

288
アイロンを先端でかけると、つい力がかかり、跡をつけやすくなります。まず、少し後ろに進めるようにかけ始め、アイロンのお尻に力をかけるようなつもりで前へと進めるようにします。

289
シャツの襟や袖口など、生地が重なっている部分はシワになりにくいので、まずはここからアイロンをかけます。生地がたるんでいるときに一方向にかけるとシワになるので、両端から中心へ向かってかけましょう。

290
アイロンを行ったり来たりさせると、かえってシワになるので、一定方向に動かしましょう。また、生地の繊維の目に対して、平行か垂直にかけます。斜めだと生地が伸びてしまうことがあります。

291
シャツのボタン部にアイロンをかけるときは、アイロン台にタオルを敷き、ボタンを下にして裏からかけます。デコボコを気にせずにかけることができます。

292
霧吹きの中の水に、エッセンシャルオイル3〜4滴をたらしてよく振って使うと、気分よくアイロンがかけられ、衣類にもよい香りが残ります。

293
ニットなどの軽いシワなら、蒸気をかけるだけでシワを伸ばせます。アイロンのスチームをたっぷりかけて、手で軽くひっぱって形を整えたり、やさしくなでるようにシワを伸ばします。やけどに注意しましょう。

294
誤ってアイロンでつけた強いシワには霧吹きをかけましょう。衣類から20cmぐらい離し、噴出口を少し上にして、ふんわりとかけ、再度アイロンをかけます。

295
セーターが縮んだら、30℃のお湯7ℓにヘアトリートメント剤小サジ1杯を溶かした中に浸します。手で軽く水気を取って平らなところで伸ばし、セーターの中にクッションになるものを入れて、スチームアイロンをかけながら、手でならして形を整えます。

296
濃色の衣類にアイロンをかけるとき、素材によっては跡がついたり、テカリが出ます。大判のハンカチや手ぬぐいなどで当て布をすれば、防ぐことができます。

297
シーツのように、アイロン台にのらない大きな布にかけるときは、端から順にずらしながらかけるか、幅を2つに折って2枚重ねにして、表裏にかけます。

298
スカートやパンツの腰回り、ブラウスの肩の丸みなど、立体的な部分は、仕上げ馬やまんじゅうを使うときれいにかけられます。なければ、タオルをたたんで代用しましょう。

299
刺繍のついた衣類にアイロンをかけるときは、刺繍面を下にしてタオルの上に置き、裏側からかければ刺繍がつぶれることはありません。

300
アイロンをかけ終わった物は、ハンガーにかけましょう。蒸気を抜き、充分に乾かしてから収納します。

第四章
ダイエット100のコツ

おいしいものを食べ、せっせと汗を流して働き、おおいに遊び、よく笑い、たっぷりと眠る。これらのバランスを保つことが、心と身体の健康を守るための基本の心がけです。しかし、普段の暮らしにおいて、うっかり気を抜くと、このバランスがくずれてしまい、それが原因になって、心と身体の健康にさまざまな問題を引き起こします。

ダイエットを単に体重を減らすことだと考えるのはよくありません。ダイエットとは、生活習慣のバランスを整えることです。そして、心の持ちようや生活態度の偏りを整えることでもあります。

自分の偏りを整えることとくらい難しいことはありません。人は誰も自分を正しいとおもいたいし、偏りがわかっていても、何かしら理由をつけて正当化してしまうからです。偏りを周りや他人のせいにさえしてしまう。自分自身の問題と向き合わないのは楽なので、さらに偏ってしまい、簡単には戻れなくなります。

知らなくてはいけないのは、何かが偏っているということは、実はその何かひとつだけの偏りではないということです。偏りを無くし、バランスを整えるためには、暮らし方全体をよく見て、日々、心がけるルールを自分で作り、守っていくことです。そのルールこそが、自分の暮らしと仕事を豊かに、そして美しく整えるための妙薬になります。

バランスを整えることを決して急いではいけない。ゆっくり時間をかけて整えることがもっとも確実な方法です。

健康的にやせるために
気をつけたいことや、
守ること。
どれかひとつからでも
ダイエットは
はじめられます。

基本のコツ

ダイエットには心もちが大切です。健康的に、あかるく、急がないこと。そして小さな規則を守るようにしましょう。

301
明確な目標を立てましょう。数字だけでなく、先の楽しみを持つとやる気になります。やせたらこういう服を着る、旧友に会うなど、やせる以外の目的を持ちましょう。

302
健康的にやせるには、1カ月に1、2キロの減量が目安です。短期間で急激に体重を落とすのは体に負担をかけます。

303
朝昼晩、規則正しい生活を送りましょう。毎日同じ時間に起き、食事をとり、寝るという、生活リズムを保ちましょう。

304
ダイエットの基本は、摂取エネルギーより消費エネルギーを上げることです。つまり、食べる量を減らすなど、食事制限をして、運動量を増やすこと。食べすぎたら、より身体を動かす習慣をつけましょう。

305
肥満の人がいきなり運動をすると、足腰を痛める原因になります。まず、食事の見直しから始め、体重が減ってきたら運動を始めましょう。

306
食事は、朝と昼はしっかり、夜は少なめに、三食きちんと食べることが基本です。欠食をすると、次の食事の量が増え、結果的に太ってしまいます。

307
食事はゆっくり、よく噛んで食べましょう。唾液が出て、消化もよくなり、身体に栄養がとり込みやすくなります。噛むことで満腹中枢に刺激が伝わり、満腹感を感じるようになります。ゆっくり食べると、食べすぎを防ぐことができます。満腹中枢に刺激が伝わるまでに、食べはじめてから20分ほどかかるといわれています。一口30回以上噛んで食べましょう。一口食べたら箸を置く習慣を。

308
食べた物や体調の変化を書く食事日記をつけ、太る原因を知りましょう。たまには人に見せてアドバイスをもらいます。

309
間食をしてはいけない、と我慢しすぎないことです。絶対ダメと決めてしまうと、逆に食べすぎてリバウンドの原因になります。間食は、食べる量を少なくするようにしましょう。

310
腹八分目を心がけましょう。器にきれいに盛りつけて、マナーよく美しく、ゆったりと食事をすることで、満足感を得やすくなります。

311
旬のものや地の食材を使った昔ながらの和食を食べましょう。医学的、栄養学的にも、日本人に合った健康的な食事です。

312
食べる順番を工夫してみましょう。最初は汁物や副菜、その後、肉や魚の主菜やご飯を食べるようにすると、満腹感を得やすく、ご飯の食べすぎを防げます。

313
テレビを見ながら、仕事をしながらなどの、ながら食べはやめましょう。テーブルにきちんとついて、食事に集中しましょう。

314
炭水化物抜きダイエットや、ひとつの食材を食べ続けるような極端なダイエットはしないことです。リバウンドをしたり、身体を壊すもとになります。健康的にやせるには、無理なく一生続けられる食生活を。

315
噛みごたえのあるものを積極的に食べましょう。噛む回数が自然と増えるので、満腹感が得やすくなります。繊維が多い食材は、繊維に平行に切ると、シャキシャキとした歯ごたえが残ります。

316
運動をする、または食事制限をして摂取エネルギーを減らさないと、体脂肪の分解が促進されません。脂質を過剰に摂取すると、すぐ体脂肪として蓄積されます。食事の脂質カットがダイエットの基本。揚げ物・炒め物・スナック菓子・カップ麺は脂質が多いので注意しましょう。

317
調理で油を使うのは一食一品だけにするように気をつけます。煮物は最初に炒めないで初めから煮ましょう。炒め物が食べたいときは、レンジで柔らかくして、最後に少量のゴマ油などで風味をつけてみましょう。

318
東洋医学でいう、気の流れ、血液の流れをよくし、水分の滞りをなくしましょう。そのためには、例えば、ごぼう、こんにゃく、れんこんを食べるのもおすすめです。

319
味つけはマヨネーズやドレッシングを控え、ポン酢やニンニク、ショウガ、豆板醤などのスパイスを加えてエネルギー代謝を促進させます。胡椒や唐辛子、わさびでアクセントをつけるのもおすすめ。また、塩分のとりすぎは身体の中に水分をため込むので、しょう油にレモン汁を入れて減塩を。

320
一日のご飯は、朝一杯、昼一杯、夜半杯を目安にしましょう。ご飯、麺、パン、餃子やお好み焼きなどの小麦粉を使ったものを同時に食べないようにします。穀物は一食一種類を心がけましょう。

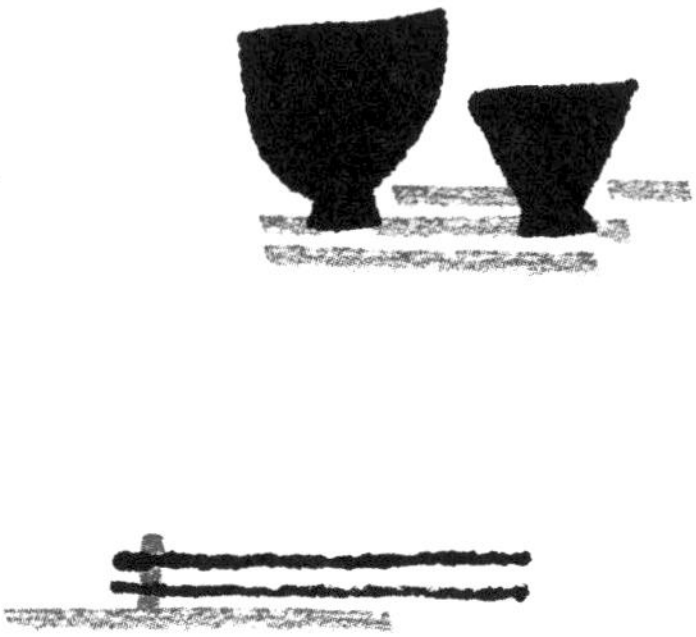

321

食べすぎたら、2、3日で±0になるように摂取エネルギーを調整しましょう。体脂肪になるのは、2、3日後なので、主食やおかずを減らすことでコントロールします。

322

一人で食べると、よく噛まずに急いで食べたりと、食べすぎにつながります。人と一緒に食べるときに、自分の食べる速さや量を意識しましょう。健康的な体型の人の食べ方を観察してみるのもいいでしょう。

323

お腹が空いたら、ハーブティーや野菜・海藻入りのスープなど、温かい飲み物を飲みましょう。身体が温まり、空腹が満たされます。間食は、和菓子や果物、ゼリー、ヨーグルトなど、カロリーが少なく、ビタミン、ミネラルやたんぱく質の補給ができるものがいいでしょう。果物は、食後のデザートとしてより、食前に食べると、食事の量を自然に減らすことができます。

324
身体は思った以上に渇きがちです。身体の水分バランスを正常にして、代謝のよい身体作りをするためには水分補給が大事。起きてすぐ、動く前、食事の前、お風呂の前後に常温の水を飲みましょう。一日1.5ℓが目安です。ただし、あまり飲みすぎると、むくみの原因になります。

325
便秘になったら早めに対処しましょう。原因は、食事不足、腸内の水分の不足、腸のぜん動運動が活発でないことです。食物繊維の多い野菜を中心に食べ、水分をとり、身体を動かしましょう。床に座って足を伸ばしてお尻で歩く運動も効果的です。

326
歩数計をつけましょう。あまり歩数にとらわれるのではなく、目安にするといいでしょう。1万歩歩くと、およそ200〜300キロカロリー消費したことになります。日常生活の歩数を知れば、運動量をチェックすることができます。

327
ダイエットは生理後から始めると成功しやすくなります。生理前と生理中は、身体に脂肪や水分を蓄えようとするので食欲が増します。ここで体重が落ちずに増えてしまって挫折する人が多いようです。この時期は体重が落ちなくても諦めないこと。

328
日中はエネルギッシュによく活動し、日が沈んだらゆっくりとリラックスして過ごしましょう。このバランスが、やせやすい身体を作ります。

329
やせたいならば、とにかくいつでもまめに動くことを心がけましょう。だらしない生活はやめて、家事や仕事などの日常生活のなかで、ふだん使っていない筋肉を意識して動かします。

330
身体を固めないように、こまめにコリをほぐす工夫をしましょう。ストレッチやマッサージを習慣にして、身体を柔らかくしましょう。

331
冷えはダイエットの大敵です。代謝を上げて、脂肪を燃やすためには、体温を上げる必要があります。特に下半身を温めるように心がけましょう。

332
間食したくなったり、お腹一杯になるまで食べたくなったら、家事や運動、散歩をする、お風呂に入る、歯を磨くなど、動いて気を紛らわしましょう。

333
目の前にあるものをむやみに食べずに、「後で○○を食べたいから、この○○を今食べるのはやめる」と言い聞かせるようにしましょう。

334
少しでもやせたら、頑張った自分に小さなごほうびをあげましょう。旅行、おしゃれをしてレストランで食事など、それを励みにモチベーションを保ちます。

335
全身が映る鏡で体形をチェックしましょう。横向きや後ろ姿は、写真をとってもいいでしょう。日々の変化を感じることで、ダイエットの意識を持続させます。

336
食べることでストレスを解消するのではなく、趣味や楽しみを見つけて、気分をスッキリさせましょう。

337
食べる前に、自分に「それは本当に必要かどうか」を問いかけましょう。落ち着いて、心を中庸にして考えてみます。

338
食べ物を買いすぎないこと。食材を使い切る前に、次々と冷蔵庫に詰め込みすぎないようにします。作りすぎた場合も食べ切らず、翌日のお弁当に入れたり、スープの具にしたり、小分けにして冷凍したりします。

339
すぐに結果を期待しないことです。短期間で急激に体重が落ちるのは、水分が減っているだけで、脂肪が減っているわけではありません。

340
体重が減ったら、それを維持することが肝心です。やせたり太ったりを繰り返すと、脂肪を燃やす筋肉が減り、やせにくい体質になります。

341
同じようにダイエットをする仲間を見つけて、お互いに頑張れる協定を結びましょう。食事日記を見せ合うと刺激を受け、やる気を保ち、楽しく長続きします。

朝のコツ
朝をきちんと過ごせば、規則正しい生活があらわれます。朝はやさしい笑顔で、すこやかに。

342
今までより30分〜1時間早起きしましょう。一日が長くなると、それだけエネルギーを多く使うことになります。また、朝のしたくに余裕をもつことで、トイレの時間もゆっくりとれます。

343
起きたらすぐに部屋の換気をして、新鮮な酸素を細胞に送る気持ちで、両腕を上げて背伸びし、深呼吸しましょう。酸素を多く吸えば、細胞の新陳代謝が促進し、脂肪も燃やします。

344
起きたら一杯の水か白湯を飲みましょう。ゆっくり飲んで、睡眠時に失われた水分を補給しましょう。胃腸を刺激し排泄を促すために、冷たい水を飲むのも効果的です。

345
朝は筋肉を伸ばして関節をほぐし、身体を伸ばします。手首、足首をゆっくり回し、末端まで血液を送り、血流をよくします。筋肉を動かすと体温も上がり、動きやすい身体に整えることができます。

346

身体を温めるには、立った状態で、デンデン太鼓のように、上半身を左右にひねり、両腕をバタンバタンと振ります。左右50回ずつを目安に。また、立って、片足のひざを曲げて、太ももを前に上げて外向きに開いて下ろし、股関節を回しましょう。左右10回ほど行います。

347

冷え性の人は、ひざ下に42℃くらいの熱いシャワーと冷たいと感じる温度のシャワーを30秒間ずつ交互に3回繰り返しかけ、最後は冷たいシャワーで終えます。身体が反射的に温めようとして、足先が温かくなります。

348

体重を毎日記録しましょう。毎日量ることで、日ごろの行動と体重の増減を関連付けることができます。服を脱いで、朝食の前など毎日同じ時間に量ります。あわせて、体調の変化も記録しておきましょう。

349

朝ご飯は、ご飯を茶碗一杯と、具沢山のお味噌汁の組み合わせがおすすめです。具には、海藻や、きのこなどの食物繊維の多い野菜をたっぷり入れましょう。

350
朝ご飯をしっかり食べられないときは、果物をおすすめします。糖質は脳のエネルギーとなります。量の目安は、片手に乗る程度。リンゴなら半分、みかんなら2コ、グレープフルーツなら1/4コ、キウイなら1.5コほどです。

351
背伸びしたまま、またはかかとの上げ下ろしをしながら歯磨きをしましょう。頭のてっぺんを引き上げられるように意識して、お尻を締めます。トイレで座っているときに、左右のお尻を交互に上げるのもおすすめです。

352
洋服は締めつけがなく、ゆるめのものを着ましょう。血液やリンパの流れをよくして、身体を固めないことが重要です。跡がつくほどの下着は要注意です。

353
普段よりも、歩幅を広くして歩きましょう。足を後ろに送り出すように、腕をしっかり振って歩くと、ひねる動作が生まれて、身体をしぼることができます。足音がしないように、かかとから足先へ重心を乗せるように意識をして歩くことも効果があります。

354
ウォーキングなどの朝の運動は、やりすぎず、物足りないくらいにします。息が上がったり、くたびれたと感じるのはやりすぎ。ほどほどなのが継続するポイントです。

355
着替えは立ってすると、筋トレになります。片足立ちで靴下を履くと、バランスをとろうとするので、筋肉がつき、基礎代謝が上がって脂肪を燃焼しやすくなります。

356
歩きやすい靴でたくさん歩きましょう。足の指が自由に動かせて、甲がフィットし、かかとを覆う部分がしっかりしているものがおすすめです。時々靴を変えて、足に違和感を感じたら、見直してみましょう。

357
足に合っていれば、ヒールのある靴を履くのもいいでしょう。5~7cmのヒールを履き続けると、足首が細くなります。

358
階段や坂道の上り下りをしましょう。階段を上るときは、つま先で上がり、下りるときは、つま先から足裏全体に体重が乗っていくようにします。ふくらはぎやもも、お尻の後ろの筋肉を意識するようにしましょう。

359
バッグは毎日替えましょう。同じバッグだと、身体にゆがみが起こりやすくなります。バッグは左右交互の肩に持ち替えて、持っていないほうの手をよく振りましょう。

360
車をよく使う人は、乗る前に近所を少し歩くようにしましょう。信号待ちでは、車中で腰をひねったり背中を伸ばしたりします。

361
電車ではできるだけ立ちましょう。足を楽にしてバランスをとることで、身体の軸がしっかりし、細く引き締まった身体になります。時々は頭の上から糸でつられているように意識して、かかとを浮かせ、座るときは、お尻を締めて小さく座ります。

362
自転車をこぐときには、足の指の付け根でペダルを踏みます。背筋を伸ばして、ももに力を入れたり、足首とふくらはぎに力を入れたりと、こぎ方も意識しましょう。

昼のコツ

おいしいご飯をしっかり食べて、たくさん動きます。満足感に満ちた一日を過ごしましょう。

363

昼食は午後の活力になります。一日の中でも量を多めにいただきましょう。一汁三菜になるように、主食、肉や魚や豆腐などの主菜、野菜や海藻やきのこの副菜、汁物の献立を心がけましょう。外食なら和定食がおすすめです。

364

残っても、もったいない、などと口に入れないようにします。さっさと片づけて、次の食事にまわしましょう。カレーや丼もの、パスタなどの外食は1人前の量が多いので、⅔ほどに抑えましょう。

365
残すのがもったいないなら、少なめにオーダーしましょう。買いすぎない、作りすぎない、頼みすぎない、がダイエットの鉄則です。

366
食後は、横になったり座り込んだりしないで、片づけなどでさっと動くようにしましょう。

367
夕食までにお腹が空くようであれば、少しずつつまめるベーグルやおにぎりを食べてみましょう。その分、夕食の食べすぎを防ぐことができます。

368
目の前に食べ物があるとつまんでしまうなら、目に触れないようにしましょう。食後はテーブルから離れます。

369
食事も間食も、見た目にきれいで香りもいいものを。五感の刺激により血液中の神経ホルモンの分泌が促進され、消費エネルギーが上がります。間食は、洋菓子より脂質の少ない和菓子を選びます。一緒に温かい日本茶や紅茶を飲むと体温が上がります。

370

デスクワークなどで同じ姿勢をずっと続けている人は、まめにストレッチをしましょう。座りっぱなし、立ちっぱなしは身体をかたくして、血液やリンパ、気の流れを滞らせます。30分～1時間に1回は身体を伸ばしたり、関節を曲げてほぐしましょう。

371

こまめに手首、足首を回しましょう。トイレに行くたびに背伸びをし、腰をひねります。椅子に座って、頭の後ろで両手を組んで、横に傾けてわきを伸ばし、ひじを開いて胸を開け、後ろを向いて腰をひねり、前に傾けて首を伸ばしましょう。

372

14～18時頃に体温はピークを迎え、脂肪が燃焼しやすいので、よく動くようにしましょう。家事や運動、ショッピングなど、外出するならこの時間帯が最適です。暇だと何か食べてしまうので、忙しく動きましょう。

373

雑巾がけは、引いて押すの動作を意識しましょう。洗濯は、少量なら手で洗ってしぼって、一枚ずつ、しゃがんでかごから取って干します。下のものを取るときは、ひざを90度に曲げて、5秒キープします。遠くのものを取るときは、身体を伸ばしましょう。

374
わざわざジョギングをしたり、ジムに通わなくても、掃除や洗濯など、日常の中でやるべきことをするほうが、時間を有効に使えるうえ効率よくやせられて、達成感も得られます。生活の中の活動を意識して、よく動くようにしましょう。

375
ラジオを聴きながら作業することをおすすめします。耳からの情報は、イメージを膨らませ脳を刺激します。一緒に歌ったり、踊ったりしながら家事をしましょう。エネルギーを消費して、脂肪を燃焼させます。

376
掃除は運動だと思いましょう。大きな動きでダイナミックに雑巾がけや窓ふきをします。ストレッチや筋トレの効果が期待できます。

377

声を出すと、ストレスを発散しエネルギーも消費します。息を深く吐き、酸素を多く取り込んで、脂肪を燃焼させます。

378

身体の内側にあるインナーマッスルを鍛えましょう。段差のあるところに横向きに立って、下になる方の足をつま先までまっすぐ伸ばしたまま、前後にブラブラとスイングさせます。そのとき、前を向いて、頭の上をひっぱられるようにピンと立ちましょう。

379

ものを取るときは、右のものは左手で、と、わざと遠いほうの手で取ります。しゃがむときは、ひざを曲げましょう。電話を取るときは、身体を伸ばして取ります。とにかく、伸ばす、ひねる動作をたくさん行って、普段使っていない筋肉を動かしましょう。

380

高いところのものを取る動きは、普段なかなか使わないふくらはぎ、肩や背中、腕などの筋肉を使います。まめに棚の上を掃除したりして、この筋肉を使いましょう。

381
週末は、土曜日はデートやスポーツ、外出などの活動日にして、日曜日はゆっくりストレッチしながら休養しましょう。先に活動した後にきちんと休息をとることで、身体が活性化します。

382
ウォーキングをするなら午後から夕方が適しています。外出や仕事の帰り道は、早足でひと駅分くらいは歩くようにしてみましょう。ストレスを発散し、余分なエネルギーを使い切ることができます。体力に自信のある方や、運動習慣のあるという方は、一日一回は軽く走ることもおすすめです。

383
夕方はむくみやすいので、足の運動をしましょう。椅子に座って、足で水しぶきを上げるイメージで、ひざ下だけをバタバタさせます。

384
午後に身体を動かしてエネルギーを使ったら、夕方から夜にかけては徐々にペースダウンしていきます。読書でイマジネーションを広げたり、事務仕事で頭を使ったりと、夕方からは身体ではなく脳のエネルギーを使うようにして、バランスをとりましょう。

夜のコツ

ゆっくり呼吸をして、身体を休めます。今日をすこやかに過ごせたことに感謝をして、明日のための眠りにつきます。

385

気持ちも身体の疲れも一日ごとにリセットをしましょう。夜は早めに夕食をとり、ゆったりと過ごしましょう。

386

夕食を食べてすぐに寝ると、身体に脂肪がつきやすくなります。寝る3時間前までに夕食をとりましょう。朝、昼より軽めの食事を心がけます。肉や魚は手のひらに乗るくらいが目安。炭水化物は少なめに。野菜スープや具沢山のお味噌汁も加えましょう。

387

身体をひねって伸ばしてコリをとり、一日の疲れをとりましょう。何かをしながらストレッチをして、効率よく身体をほぐします。テレビを見ながら座って足の裏側を伸ばしたり、足踏みをするのもおすすめです。

388
38～40℃の少しぬるめのお湯に肩まで浸かるのもいいでしょう。水圧がかかり、自然に全身のマッサージ効果が得られます。大サジ1杯の粗塩を入れると、より身体が温まります。

389
夕食が21時を過ぎるときは、夕方におにぎりやスープなどで、つなぎの軽食をとり、その分、夜のご飯は減らしましょう。

390
外食はなるべく控え、特別なときの楽しみにとっておきましょう。そして、できれば野菜中心の健康的な店を選びます。

391
アルコールの適量は、ビールなら中びん1本、日本酒なら1合、ワインならグラス2杯です。揚げ物とビールは太りやすい組み合わせなので注意しましょう。

392
ストレスで精神的に疲れていたら、カラオケで声を出したり、映画を観て涙を流したりしてストレスを発散させましょう。やけ食いは禁物です。

393
就寝1時間半前には入浴を済ませましょう。一杯の水を飲んで、湯船に15分ほど浸かります。時間があれば半身浴をして汗をかきましょう。

394
お風呂の中でリンパマッサージをします。左鎖骨下と脇の下、足の付け根にあるリンパ節へと老廃物を流します。左鎖骨にそうように右手で優しくさすり、両腕の表側と裏側を手首から脇に向かってさすり、足の付け根に向かって、ももを優しくさすります。

395
お風呂あがりにひざ下に冷たいシャワーを浴びると保温効果があります。その後、一杯の水を飲んで水分を補給し、ゆったりと過ごして早めにベッドに入りましょう。体温が上がって、下がり始めたころに、眠気が起こります。

396
夜食は極力さけましょう。体内時計を調節する「BMAL1」といわれるたんぱく質は脂肪を蓄積する指示もします。15時頃は微量ですが、22時～2時に最多になります。その差は20倍です。どうしてもお腹が空いたら、スープやヨーグルトがおすすめ。早めに歯を磨いて、夜食を防ぎましょう。

397
22時～2時の間に熟睡すると、大人でも成長ホルモンが分泌され、筋肉が育ちます。すると基礎代謝が上がって、エネルギー消費が盛んになり「脂肪が燃えやすい身体」になります。睡眠はとても大切です。

398
睡眠は6～8時間は確保しましょう。アロマオイルを焚いたり、音楽などを聴いて、心地よい眠りにつくための自分なりの楽しみを見つけましょう。

399
睡眠中は、部屋を温めすぎたり、冷やしすぎたりしないように、エアコンは切っておきましょう。また靴下は履かないことです。足の裏から睡眠中の熱が放出されるためです。冷え性の方はレッグウォーマーがおすすめです。

400
うつぶせになり、お尻をゆらゆら揺らしましょう。揺らすことで、眠気を誘います。緊張をほぐし、身体をリラックスさせるようにしましょう。

第五章
快眠100のコツ

日々健やかな睡眠を手に入れたいとおもっています。睡眠とは、自分の暮らし方のバロメーター。よく眠れるのは、朝起きてからベッドに入るまで、とても充実した過ごし方ができたあらわれです。疲れているのに寝つきがわるかったり、すっきりと起きられなかった日は、一日の過ごし方に問題があったのだろう。いらいらしたり、悩みがあったりと、心の状態が不安定でも睡眠に影響を与えます。だから、よく眠れた日の朝は、よしよしと自分をほめてあげたい。

人それぞれ個人差があるでしょうが、自分は七時間睡眠がちょうどいい。一日の中で七時間はベッドで過ごすとおもうと、ベッドまわりのあれこれをきちんと選びたくなります。枕は高さや大きさを自分の身体に合わせます。シーツやカバーといったベッドリネンは、一年を通じて綿麻を使っています。寒い日に使う毛布も、肌にやさしい素材を選びます。

一日の終わりにベッドにもぐりこんだ時のしあわせな気持ちといったらありません。手足をぐっと伸ばして深呼吸。今日一日ありがとうございましたと感謝をして頭と身体のちからを抜いていく。

洗濯が大変だけれど、ベッドリネンは三日に一度は変えます。太陽の陽で乾かした洗いたてのシーツやカバーは心地よい睡眠を誘ってくれるし、衛生的にもよい。そんな小さなぜいたくが嬉しい。

暮らしや仕事は忙しくて大変があたりまえ。だからこそ、健やかな睡眠のための工夫は凝らしたいとおもいます。

快眠

文　松浦弥太郎

今日からぐっすり
眠れるように、
笑顔で「おはよう」と
「おやすみ」がいえるように。
今日からはじめる
快眠の工夫。

快眠のコツ

安らかな眠りほど、人を心地よく元気にさせるものはありません。毎日の睡眠に小さな工夫をしてみましょう。

目覚めてから日中のこと

よい眠りは、太陽が出ている日中とつながっています。カーテンを開けたら今日もいい天気。充実した一日にしてみましょう。

401
目覚めたら、すぐにカーテンと窓を開けましょう。日の光を浴びて、身体に朝がきたことを教えてあげます。新鮮な外気で皮膚を刺激することで、気分もすっきりします。

402
朝、シャワーを浴びるとき、お湯を熱めの41〜43℃にしてみましょう。肌への刺激は覚醒をよびさますスイッチです。朝のシャワーは短めに。長いと疲れてしまうことがあります。

403
朝の光が充分に差し込まない部屋だったら、明るめの照明をつけましょう。起きてから2時間以上、暗い所にいると、爽やかな覚醒が訪れません。

404
寒い朝は起きる30分くらい前に暖房を入れて、部屋を暖かくしましょう。寒さを我慢する必要はありません。起きやすい環境を作ることが大切。

405
昼間の光を浴びると、夜、眠りを促すメラトニンという物質が、より分泌されるようになります。ランチは屋外で。レストランならテラス席、オフィスなら窓際で。曇りでも、屋外は室内に比べて数倍の明るさがあります。

406
起きたらコップ一杯のお水を。すっきりするだけではなく、寝ている間に失われた水分を補い、胃腸を活発にします。

407
一日24時間に対し、体内時計は25時間になっています。そのズレをリセットするのが、朝の光を浴びることです。

408
朝食後は軽い運動でウォーミングアップ。通勤する人はひと駅前で下車して会社まで歩くなどしてみては。

409
深い睡眠は昼間に作られます。日中は活発に過ごしましょう。

410
買い物は、いつものスーパーからちょっと遠出をしてみましょう。歩くのも日中の活動レベルを上げる方法のひとつ。

411
昼寝は15時前まで、30分以内にします。それ以上だと深い眠りに入ってしまい、夜の睡眠に影響を与えてしまいます。

412
香りには気持ちをリラックスさせる力があります。無香料シャンプーに、頭髪によいとされるアロマオイルのクラリセージを入れてオリジナルを作ってみては。

413
汗ばむ程度の運動は、夕食前の遅い夕方にするとよいでしょう。この時間に運動をして血行をよくしておくと、適度な疲労も手伝い、安らかな眠りにつくことができます。

飲食のこと

食べ物はその日の元気をくれる大切なもの。身体にやさしい食べ方、飲み方には少しばかり知識が必要なだけです。よく食べて、よく眠る。昔からいわれている基本を思い出してみましょう。

414
朝食は決まった時間にしっかりとるよう心がけましょう。朝、体内に取り込む食べ物は、脳を再び活発にさせるエネルギー源です。

415
お酒を飲むと眠りやすいといいますが、眠りが浅かったり、夜中トイレに起きたりして、眠りの質を下げます。眠るためには逆効果なのです。

416
カフェインには興奮作用があります。飲んでから30分くらいで効果が出始めるので、目覚ましにはよいのですが、就寝3〜4時間前は控えます。カフェインを多く含む飲み物は順番に玉露、紅茶、コーヒー、煎茶といわれます。

417
就寝前は気持ちを静めてくれるカモミールやラベンダー、菩提樹の花などのハーブティーを、豊かな香りとともに楽しみましょう。

418
牛乳にはアミノ酸の一種、トリプトファンが含まれており、それが眠りを誘うセロトニンという成分の原料になります。牛乳にはイライラを鎮めるカルシウムも豊富なので、寝る前の飲み物によいといわれます。トリプトファンの吸収を助ける、はちみつを入れて、温かいナイトミルクを。

419
ヨーロッパではレタスは「眠りを誘う食物」という説があります。レタスの芯を切ると出る白い汁にラクチュコピクリンという成分があり、これに鎮静の効果があるといわれます。葉より芯にたくさん含まれています。

420
冬は身体を温める野菜をいただきましょう。ニンジンやゴボウなどの根菜や、カボチャなどの緑黄色野菜。薬味ではショウガやネギがいいですね。

421
寝る30分前にコップ一杯の水を飲みましょう。ヒトは寝ているときも発汗するので、就寝前の水は血液が濃くなるのを防ぎます。常温でゆっくりと。

422
不眠や睡眠障害などのために、薬を飲む場合は、処方されたとおりに飲むのが鉄則です。早めに飲んだりすると、副作用が現れることがあります。

423

定時に夕食をとり損ねたときは、遅い時間に無理に食べないようにしましょう。とはいえ、空腹は睡眠を妨げるので、クラッカーやチーズ、牛乳など軽い夜食をとるようにしましょう。その分、翌日の朝食はしっかりと。

424

遅い食事や食べすぎで、ベッドに入る時間になっても胃腸が働いている状態では、身体はぐっすり眠れません。食事は就寝時間の3時間前までに、と覚えておきましょう。

寝具のこと

人は人生の⅓を寝具の上で過ごします。残り⅔を充実させるためにも今の寝具が自分に合っているか、考えてみませんか？

425

寝具は湿気をいちばん嫌います。乾燥がお手入れの基本。起きてすぐではなく30分後くらいに布団の片づけ、ベッドメーキングをしましょう。

426

布団やベッドのマットレスは大きいのでこまめなお手入れが難しいですね。お部屋でしばらく立てかけたり、表面に風を当てたりするだけでもメンテナンスになります。裏返したり、上下を入れ替えたりすると長持ちします。

427

快適な寝室にしようと、寝具一式をすっかり替えると、身体がびっくりして逆効果になることがあります。今回は枕、次は布団と、徐々に心地よい寝床を作っていきましょう。

428

枕や敷布団が自分に合っているかどうか、目覚めたときの身体にきいてみましょう。起きたてなのに、腰痛や肩がはっていたりしていませんか？　もしそうなら、身体に合っていないということかもしれません。

429

布団を干す上手な方法を覚えましょう。晴れた日に10時頃から布団を干します。布団タタキでたたきすぎると素材を傷めてしまうので、ホコリをはらう程度に。14時くらいにはとりこみましょう。掃除機をかけてダニなどを取り除きます。掛け布団より敷布団のほうが湿気を吸っています。敷布団のほうをこまめに干しましょう。綿物は週1～2回、羽毛物は月1～2回が目安です。

快眠

430

枕選びのポイントは、リラックスして立っている状態をイメージすることです。身体にいちばん負担がないこの姿勢を寝ているときにも保てるよう、首の骨と頭を支えるのが枕の役割です。合う枕は個人差があります。靴を買うとき、試し履きをしてフィット感を確かめますね。枕も同じ。試すことで、ぴったりくる枕に出合えるのです。

431

自分の枕が高いか、低いかを調べるために、ベッドに横になってみましょう。肩の下に手が入る（肩の下と敷布団の間に空間がある）なら枕が高すぎです。顎が上がるようなら低すぎです。「寝相」という言葉があるように、ヒトは寝る姿勢にクセがあります。そのクセのせいで、枕や布団が合っていないことに気づかないことがあるのです。

432
枕と敷布団は単独ではなく、一対で考えましょう。敷布団が柔らかいと身体は沈みます。沈む分を考慮して、少し低めの枕にするとよいでしょう。硬ければ高めの枕を選びます。

433
ヒトは寝ている間に20~30回の寝返りをうっています。枕がはずれて夜中に目が覚めてしまうということがないように、横幅のある枕を選びましょう。

434
頭は、聴覚、嗅覚などの感覚を司っています。ですから、枕は感触だけではなく、パイプなど素材の音が気にならないか、羽根のにおいは大丈夫か、などにも気を配って選ぶことが大切です。

435
低反発素材の枕は、寒いと硬くなる性質があります。冬は寝る前に少し温めるとよいでしょう。そして、週に一度くらいは陰干しをしましょう。

436
寝具は心地よさという感覚で選ぶので、人によって感じ方は千差万別です。流行に惑わされず、自分に合った素材を選びましょう。触った瞬間に「いいな」と感じれば、それはあなたに合った素材なのかもしれません。幼い頃、どんな布団で寝ていましたか？　大人になっても、あの頃の気持ちのよい感覚を、身体は覚えているものです。

437
横向きに寝る人は、肩や腕など凹凸の多い箇所を下にして寝ます。そのために体が安定せず、うまく寝つけないことがあります。抱き枕は姿勢を安定させる役割があります。朝、抱き枕がベッドから落ちていてもかまいません。抱き枕は、安心して寝つくために必要な枕なのです。

438
北枕がよくないというのは、お釈迦様が亡くなられたときに北向きに寝かせたという説からきており、科学的には根拠はありません。むしろ、枕を北に向けて寝ると、地球の磁力の流れに沿い、体への負担が軽くなるという説もあります。

439
敷布団や枕なども季節によって替えるのが理想なのですが、収納を考えると、難しいもの。夏はシャリ感のある麻、冬はフワフワとした感触のネル素材など、カバーを替えるだけでも、随分違います。

440
寝間着は体を締めつけない、ゆったりとしたデザインのものを選びましょう。寝ている間は汗もかくので、吸湿・透湿性など素材もきちんと考えます。

441
素材違いや、デザイン違いでパジャマを数種類、揃えてみてはどうでしょう。気分に合わせてスタイリングするのは、なにも外出着だけではありません。誰に見せるわけでもない、小さくて、密やかな、あなただけの楽しみとして。

442
パジャマは裏地を見て選ぶ、と覚えておきましょう。パジャマほど肌触りが重要な衣服もないのです。

443
「寝る子は育つ」というように、睡眠は成長の糧になるため、若い頃は寝つきもよく、深い眠りが得やすいものです。しかし、歳をとるに従って深い眠りに入りにくく、その分寝心地や環境に敏感になってくるものです。

家で過ごす夜のこと

忙しい一日がやっと終わりました。ご苦労様の気持ちを込めて、家ではリラックスタイムを。アロマやストレッチ、気持ちをほどく方法はいろいろとあります。

444

夕食の前や夕食の後、時間に余裕があれば30分ほど散歩をしてみましょう。雑事を忘れ、夜のけはいを感じてみる。そんな何気ない時間が、暮らしを豊かにしてくれます。

445

軽いストレッチ運動をしてみましょう。筋肉の緊張をほどくと、リラックスした気分になります。お風呂あがりや就寝の1時間前にやるのが効果的。体を伸ばす簡単なストレッチやヨガなど、自分が気持ちよいと感じる運動をしてみましょう。汗ばむほどの運動は、神経を高ぶらせてしまうので避けます。

446

早めに家に帰れた日は、簡単に部屋の片づけを。気分転換になるし、気分もさっぱりします。きれいになった部屋で本を読んだり、好きな音楽を聴いたり。そんな一日の終わりは、明日への活力になります。

447
考え事をベッドに持ちこまないために
も、明日やらねばならないことを、すべ
て書き出してみましょう。書き出すとい
う作業は、頭の中を整理してくれます。
明日の作業の段取りがみえれば、安心し
てベッドに入れます。

448
強い光には覚醒作用があります。夜に浴
びると、メラトニンの分泌が抑制されて、
眠りにつきにくくなるといわれていま
す。強い光で照らされているコンビニエ
ンスストアやスーパーなどへの用事は、
遅くとも就寝2時間前に済ませるように
しましょう。

449
明日着ていく服を、前の晩に決めておく
とよいでしょう。アクセサリーから洋服、
靴まで組み合わせをあれこれ考えるうち
に、コーディネイトの楽しみに目覚める
かもしれませんね。選んだ洋服は、決め
た場所にかけておきます。

450
自然素材からとれるアロマオイルを暮ら
しに取り入れてみませんか。自分の好み
に合うオイルを探す方法は、香りをかい
だとき、寝室を想像してみること。いい
イメージが浮かんだら、それはあなたに
合った香りといえます。

451

アロマオイルの中で、気持ちを落ち着ける代表がラベンダーです。ラベンダーには心身のバランスをとるなどの効能もあります。ラベンダーも採れる産地によって香りに違いがあるので、お店で香りを試してから買うようにしましょう。

452

ぬるめの長湯がよいといわれるのは、体の深部体温に関係があります。眠るためには、身体は深部の体温を下げる必要があります。眠くなると手足が温かくなりますね。それは、手足から放熱して深部体温を下げようとするため。40℃ほどのお風呂に30分浸かり、表面の温度を上げることで深部体温が下がります。寝る1時間くらい前にお風呂からあがるのが理想です。熱めのお風呂は目が冴えてしまうことがあります。

453

アロマオイルはお風呂にも使えます。オイルは湯に溶けにくいので、オイル2滴ほどをあらかじめ塩や牛乳、はちみつに混ぜ、それを湯の中に溶かします。よい香りが蒸気とともにお風呂を包み、気持ちのよいバスタイムになるでしょう。

454

バーナーでアロマオイルの香りを楽しむときは、眠りにつく30分前から焚くとよいでしょう。キャンドルのバーナーも雰囲気があってよいのですが、安全の問題と、キャンドルを吹き消した後の蠟独特の匂いがせっかくのアロマの香りを邪魔することがあります。電気のバーナーは、つけっぱなしでも大丈夫です。

455

鼻は暗い場所のほうが敏感になります。照明を落としてアロマを焚くと、香りを感じやすくなります。毎日アロマを焚く人は、たまに香りを変えてみましょう。

456

お風呂に入っているとき、リラックスしているときに、足の裏や肩など、どこかしらをマッサージしてみましょう。パートナーがいる人はお願いしてもよいでしょう。「ふれる」という行為は、筋肉の緊張をほぐすだけではなく、ヒトに安心感をもたらしてくれます。どうにも凝って仕方がないときは、我流ではなく、マッサージのプロにまかせること。

457

帰宅してからもやることが多くて、あっという間に寝る時間になってしまうという人は、思い切ってやることをやめてしまう、もっと簡単に済ませる方法を考えるなど、雑事の見直しをしてみては。

458

寝る前にリラックスタイムを。この時間は根を詰めることはやらないようにしましょう。特にパソコンは画面の光が強く、つい夢中になったりするので、おすすめしません。

459

ベッドルームという名前があるように、寝るためだけの部屋があることが理想です。部屋に安らかなイメージができて、眠りに入りやすくなります。独立したベッドルームがもてないときは、部屋の一画をカーテンで仕切るなどの工夫を。

460

足湯をしてみましょう。足の裏は、東洋医学では第二の心臓とよばれるほど重要な場所です。湯船に浸かれなかったり、冷え性だったりする人は、足を温めるだけでむくみがとれたり、血行がよくなったりします。踝《くるぶし》くらいまで浸かる熱めのお湯をはって15分くらい足を浸します。なるべくお湯の温度を下げないように。お湯にラベンダーなどのアロマオイルを、何滴かたらしてもいいですね。

461

就寝前、リチュアル（儀式）を行いましょう。決まった時間、場所で繰り返し行うことで、その行為に心地よいイメージができ、眠りにつきやすくなります。新たに何か始めるのもよいでしょう。いつも行っているフェイスマッサージも、毎日することで、美容のためだけではなく、リチュアルにもなるのです。

462

理想的な寝室の温度は18～23℃、湿度は50％といわれています。冬は部屋の温度が下がるので、寝室に暖房をつけて暖めておき、寝る直前に切るとよいでしょう。エアコンは空気が乾燥するので、加湿器などで湿気を補います。

463

外にいると、朝と夕方では光の色、質が違うのがわかります。部屋の中にも光の移り変わりを取り込んでみましょう。朝や昼間は蛍光灯などで白く明るい光を、夕方から夜は白熱灯でオレンジ色の光を。白い光は生産のためで、オレンジ色の光は休息のためなのです。

464

寝室のインテリアは、ベージュなど落ち着きのある色で統一するとよいでしょう。寝室は眠るための場所であり、リビングルームなどとは目的が違います。寝室のインテリアは「ほっとできる空間」ということを頭において、コーディネイトしてみるとよいでしょう。

465
音も眠りを妨げる要因になります。夜は静かな分、日中よりも物音を大きく感じるものです。厚手のカーテンをする、音のする家電を近くに置かないなど、音を軽減する工夫を。

466
朝の光で活発になり、夕焼けで落ち着いた気分になる。このようにヒトは光の変化を体内時計で敏感に察知しています。同じような照明の下で一日中過ごすというのは、本来不健康なことなのです。

467
帰宅してから寝るまでの間、照明を3つに分けてみましょう。食事時は明るめに。リビングで寛ぐ時間は、ダイニングの灯りを消して、暖色の間接照明に。寝る直前はベッドサイドのランプのみに。このようにだんだんと暗さにならしていくことで、身体が眠りの準備を整えていきます。蛍光灯を使っている場合は、段階調光のあるものに替えるとよいでしょう。

468
部屋を演出するのは、家具やカーテンだけではありません。光も部屋を素晴らしい空間に変えます。例えば、暗くした部屋に観葉植物を置き照明を当てます。葉の影が壁に映し出され、いつもとはがらっと変わって幻想的な空間になります。光の効果は、明るく照らすだけではないことを覚えておくとよいでしょう。

469
間接照明は「寛ぐための灯り」です。天井に吊るす照明は、手元を照らすため、つまり効率よく作業をするためのものです。リビングルームなどで寛ぐときは、効率は関係ありませんね。

470
白熱灯よりも蛍光灯のほうが電気消費量が少ないので、節約の面から蛍光灯を使う方も多いかと思います。確かにそうですが、2つついている白熱灯の1つを消すのも節約です。

471
成長期の子どもの寝室は、目のことも考え、少し明るめに。

472
ベッドサイドのランプは、シェードがあるものにします。顔に直接光があたらないよう、手元だけ淡く照らすものを選びましょう。

473
寝る前にテレビを見ないとリラックスできないという人は、画面を暗めに調整しましょう。

眠りにつく前のこと

ベッドに入ったときにつく幸せな溜息。身体も気持ちもあずけて、まどろみはじめましょう。おだやかな眠りが訪れるはずです。おやすみなさい。

474
眠りには「ノンレム睡眠」「レム睡眠」の2種類があり、睡眠中、約90分周期で、4~5回繰り返されています。ノンレム睡眠は脳も休息している深い睡眠、レム睡眠は、身体は休んでいるが、脳は働いている状態です。睡眠時間が短くても、ノンレム睡眠がよくとれていれば、すっきりとした目覚めが得られます。

475
音が気になる人は耳栓を使ってみては。耳栓はつけ心地が肝心ですから、オーダーメイドするなど、自分の耳に合ったものを選ぶようにしましょう。

476
ベッドで読書する習慣のある人は、2番目に好きな本を選ぶとよいでしょう。推理小説など刺激の強い本は避けます。あくまでも、眠りをうながすための読書なのですから。

477
ベッドに入ったら、時間に追われた一日は終わりです。目覚ましをセットして、時計を後ろに向けてしまいましょう。

478
靴下を履いて寝る人は、締めつけがなく、通気性のよいものを選びましょう。そして、足が温まってきたら脱ぐように。

479
目が冴えてしまったら、眠る努力をする必要はありません。かえって眠れなくなってしまいます。起きてしまって、眠くなるまで何かしましょう。

480
週末の寝坊は、ふだん起きる時間の1〜2時間後までにとどめましょう。それ以上寝てしまうと、日曜日にいつもの時間に眠くならず、月曜日の朝がつらくなってしまいます。

481
眠りを誘うメラトニンは、起きて最初に光を浴びてから14時間後に分泌されます。突然早寝をしようとしても寝られないのは当たり前。早寝早起きの習慣をつけたかったら、まず早起きから始めましょう。

482
睡眠にこだわりすぎると逆効果。ベッドに入って「寝るぞ!」と意気込む代わりに、「手足が温かくなってきたな」などと言い聞かせ、実感と結びつける訓練をしてみましょう。

483
規則正しい生活が、安らかな眠りを導きます。起床も就寝も同じ時間を心がけましょう。起きる時間を変えないことがとりわけ重要です。寝るのが遅くなっても、同じ時間に起きましょう。前の日の睡眠不足も手伝って、翌日は深い眠りが訪れることでしょう。

484
寒い夜は、昔ながらの湯たんぽを使ってみましょう。電気毛布と違って乾燥せず、節約面、安全面からもおすすめ。自然な温かさが心地よい眠りを誘ってくれます。翌朝、そのお湯を洗顔や食器洗いに使うこともできます。

眠りについてさらなる
4つのアドバイス
灯り、寝具、身体。
睡眠にはいろいろな要素が
関係しています。
4人の専門家から
よい眠りのための
ヒントをうかがいました。

485 灯り

中島龍興《たつおき》さん
（中島龍興照明デザイン事務所）

ヒトは長い年月をかけて、朝と夜という光の違いに適応してきました。ところが、ほんの百年前に登場した電灯によって夜は煌々と照らされ、身体はストレスという悲鳴をあげています。とはいえ、昔の生活には戻れませんから、光を〝生産性〟と〝休息〟に分けて考えるとよいでしょう。

Q よく眠るために何かしていますか?

週末は旅に出て太陽を思いっきり浴びます。ぐっすり眠れますよ。観光の〝光〟は、太陽を浴びるという意味なのかもしれません。

486 枕

矢部亜由美さん
（ロフテー快眠スタジオ
睡眠改善インストラクター）

枕はメンテナンスが大事です。羽毛は日陰干しをした後、もみほぐすようにして空気をたっぷりと入れます。綿、ソバガラは日に干してしっかり乾燥させます。いずれも表面の汚れをとる程度にはたきます。きちんとメンテナンスした枕でも、寿命はソバガラが約2年、羽毛が約2～3年、綿が約2～3年といわれています。

Q 起きていちばんにすることは?

朝の光をしっかり浴びて、身体に元気よく「朝だよ!」と言い聞かせます。

487

香り

杉浦裕里江さん
（ニールズヤードレメディーズ）

リラックス系アロマオイルの最初の一本は、ラベンダーかフランキンセンスがおすすめです。香りがきつく感じるようならスイートオレンジなど柑橘系とブレンドしましょう。柑橘系の黄色はリフレッシュ系、橙色はリラックス系と覚えておきましょう。

Q　普段の就寝時間は？

以前は子どもを寝かしつけた後に起きて片づけなどをしていましたが、今は21時頃に一緒に寝て、4時くらいに起きています。そのほうが身体の調子はいいですね。

488

睡眠医療

梶村尚史《なおふみ》さん
（むさしクリニック）

睡眠時間は、5時間で平気な人もいれば、10時間必要な人もいます。短時間睡眠の人の中には、充分眠れているのに「平均睡眠8時間」という知識に惑わされて、寝足りていないと不安になったりするようですが、まったくナンセンスなのです。睡眠時間は個人差があり、遺伝子に書き込まれています。平均値にとらわれず、自分が充実感を覚える睡眠時間は何時間なのかを見極めましょう。

Q　睡眠のための環境作りは？

自宅に仕事を持ち帰らないことです。

スタイリストの
岡尾美代子さんに
ベッド周りのアイデアを
教えていただきました。
岡尾さんの
気持ちのよい眠りの鍵は、
「居心地と肌触りのよさ」
です。

489
「夜、ソファに寝転びテレビを観ていると、いけない、いけない……と分かっていても、つい、うとうと。でもそうして眠ってしまうのも案外気持ちいい」

490
「大人が三人座れる大きなソファ。ベッドより寝心地がいいので、寝てしまうことも。左のへこんだ所が定位置」

491
「寝室のベッドに横になると、窓から星空が見えるのに気づきました。星を眺めながら眠るのもいいものですね」

492
「寒いときは、眠る1時間くらい前からヒーターで寝室を暖めておくとよく眠れることを最近発見しました」

493
「眠る前には、温かい飲み物を飲みます。温めた牛乳にはちみつを溶かしたものが定番です」

494
「カシミアが好きなんです。軽く、暖かく、肌に触れても気持ちいいから。一度感触を覚えたら他の素材には戻れないほど。肌寒いとき羽織ったり、毛布で寝るとき追加したり、いつでも使います」

489

490

491

492

493

494

495
「背中の切れ込みにサシェ（香り袋）が入るようになっているんですよ。以前、枕の下にラベンダーのサシェを置いたらものすごく眠れたので、今度これでやってみようと思っています。愛情を込めて『スリーパーくん』と名前をつけました」

496
「眠れないときって、足が冷えていると思う。五本指のシルクや綿のソックスの上に、こういうざっくり編まれたソックスを履いて過ごします」

497
「カバーの洗濯や衣替えのときに現れる、素の枕や羽毛布団。あの表面のさらさらした肌触りや、ダウンのカサカサとした感じが好きです。新しいカバーがかかるまでの、束の間のお楽しみです」

498
「基本は麻や綿麻のシーツを使っていますが、冬はそこへ、フランネルのシーツが仲間入りします。これはクラシカルな柄が気に入った新顔。ゴワゴワした肌触りが好きだから、柔軟剤なしで洗濯」

499
「このカットソーは、綿とカシミアの混紡の柔らかな素材。ボタンも肌に当たらず、とても着心地がいいので、パジャマにしています。寝間着は、外着よりもさらに質にこだわっていると思います」

500
「スウェーデンのキルトの作品集。言葉は分からないけど、色も素材もすごく好きな世界。目が満足するというか、好きなものを眺めると心が落ち着きます」

495

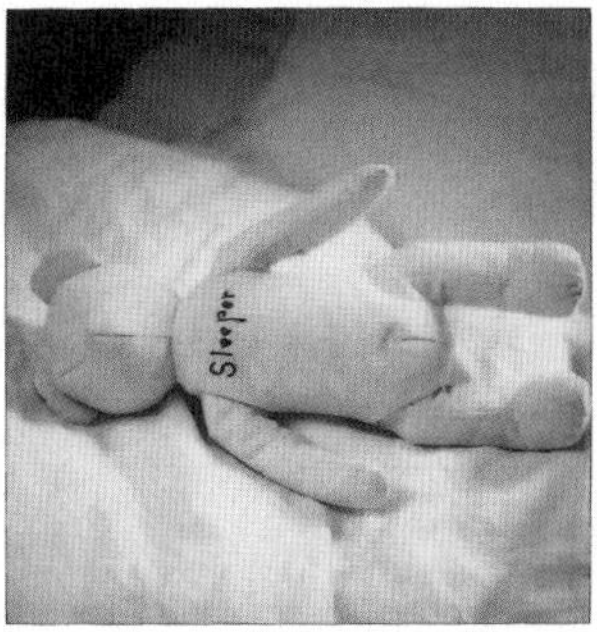

496

497

498

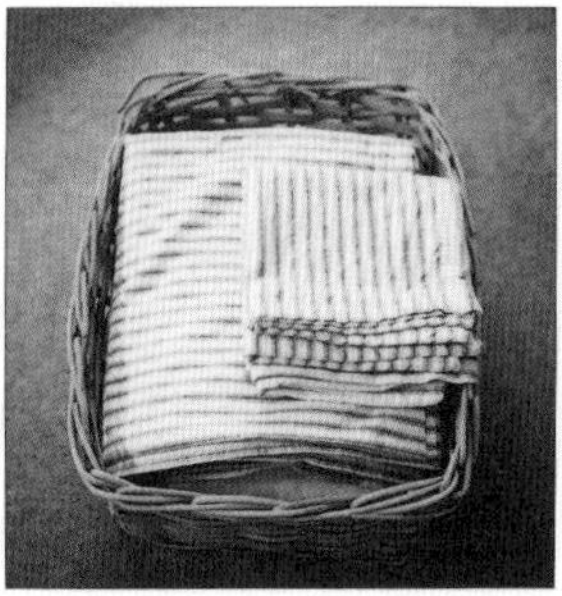

499

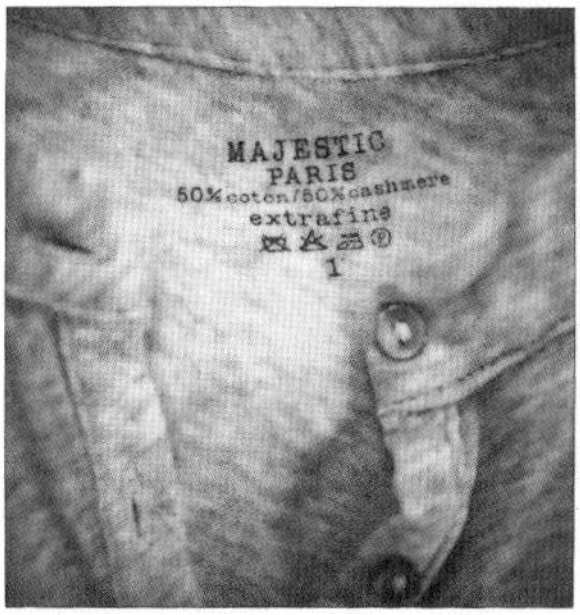

500

あとがきにかえて

500のコツのための9のコツ

501
面倒くさいことにこそ
面白さがあるものです。
面倒くさいからといって
やらないのは、とても損なことです。

502
あなたにとっての
上質なものやこと。
それを見つめて、
育ててあげましょう。
美しい暮らしの
ヒントになります。

503
自分への好奇心を持つことは大切です。
次に何ができるかな、そう思うことで、
夢に近づいていきます。

504
暮らしは夢が支えています。
料理、洗濯、掃除、手仕事など、
すべて夢が遠くにあるからこそ、
人は働くのです。

505
きちんと作られたものを
大切にする暮らしをしましょう。
衣食住すべてにいえることです。

506

思い通りにいかないことや、
むつかしいと思うことに
出合うのは、
あなたが前に向かって
歩いている証拠です。
工夫をしてみましょう。
工夫とはあきらめないことです。

507

常に興味を持つべきことは
暮らしそのものです。
知りたいことはあきらめずに
学びましょう。
毎日なにかひとつの発見を。

508

暮らしにおいて、変化は
必要があって起こるものです。
常に変化を受け入れましょう。
自分を変える勇気を持つことも
大切です。

509

失敗したことは忘れないように
メモしておきましょう。
それは自分にとって
貯金のようなものになります。
成功という利息が生まれます。

 『暮らしのヒント集』、『暮らしのヒント集2』（ともに小社刊）より

【取材＆文】佐藤智子（P102 ～ 126）　水迫尚子（P130 ～ 153）
【監修】佐光紀子（p10 ～ 29）　本多弘美（p30 ～ 40）　正田佑介（p76 ～ 98）
渋谷 DS クリニック・院長　林博之（P102 ～ 126）
渋谷 DS クリニック・管理栄養士　水谷俊江（P102 ～ 126）
高輪メディカルクリニック・健康運動指導士　黒田恵美子（P102 ～ 126）
王秦龍師事　法仁鍼灸院・鍼灸マッサージ師　阿部純子（P102 ～ 126）
【参考文献】『起床術』　梶村尚史監修（河出書房新社）

落丁・乱丁がありましたらお取り替えいたします

暮らしを美しくするコツ509
平成二十三年四月十一日　初版第一刷発行
平成二十九年六月三十日　第七刷
著　者　暮しの手帖編集部
発行者　阪東宗文
発行所　暮しの手帖社　東京都新宿区北新宿一ノ三五ノ二〇
電　話　〇三－五三三八－六〇一一
印刷所　株式会社　精興社

定価はカバーに表示してあります

ISBN9784-7660-0169-3 C2077